En la montaña

100**X**UNO

Adrien Candiard

En la montaña

La aspereza y la gracia

Traducción de Aníbal Díaz Gallinal

Título en idioma original: *Sur la montagne. L'aspérité et la grâce*

© Les Éditions du Cerf, 2023
© Ediciones Encuentro S.A., Madrid 2025
Traducción de Aníbal Díaz Gallinal

100XUNO, nº 150

Fotocomposición: Encuentro-Madrid
Impresión: Cofás-Madrid
ISBN: 978-84-1339-249-3
Depósito Legal: M-19889-2025
Printed in Spain

Para cualquier información sobre las obras publicadas o en programa
y para propuestas de nuevas publicaciones, dirigirse a:

Redacción de Ediciones Encuentro
Conde de Aranda, 20 - 28001 Madrid - Tel. 915322607
www.edicionesencuentro.com - info@edicionesencuentro.com

ÍNDICE

A Benoît Bertran de Balanda
que acompañó esta obra desde su concepción,
en un rincón del desierto egipcio,
con sus preguntas persistentes y su exigente amistad.

«Si las palabras no le erraran a las cosas
no tendríamos nada más que decir».

Jean Sulivan[1]

---

[1]   Jean Sulivan, seudónimo de Joseph Lemarchand (1913-1980),
sacerdote, escritor y editor francés.

INTRODUCCIÓN

De los tres evangelistas que relatan el episodio, Mateo nos dice que quien pregunta es un joven. Todos concuerdan, en cambio, en el hecho de que era rico. Entonces, rico, sí; pero no necesariamente joven. Sin embargo, este detalle es tan probable, y tan acorde con el diálogo que viene a continuación, que nunca se ha puesto en duda. «El joven rico», así se le conoce; como eternamente joven, eternamente rico, y valga la redundancia, pues, a fin de cuentas, no hay mayor riqueza que la de tener tiempo, tener la vida por delante. Y aquí lo tenemos: viene a interrogar a Jesús. «Maestro, ¿qué he de hacer de bueno para conseguir vida eterna?»[1].

Es curioso que un joven haga esta pregunta para asegurarse de verdad un buen sitio en el paraíso, garantizarse una suerte no demasiado adversa después de la vida, pues

---

[1]   El episodio se encuentra en Mateo, capítulo 19,16-26.

a los 19 años, uno no se preocupa demasiado de tener una buena muerte. Hay cosas más perentorias. Primero hay que esforzarse por no dejar que la vida pase de lado. Me parece que eso es, precisamente, lo que le preocupa a nuestro joven: no la muerte sino la vida eterna, la vida vivida con cierta profundidad y con toda su intensidad. Sabe que se puede vivir la vida superficialmente, pasando por encima de las cosas. Experimentó la rutina de la vida cotidiana, los placeres que no llenan, las costumbres que terminamos tomando por convicciones. No se siente desgraciado con eso, pero presiente que, debajo de la superficie, hay una vida más sólida y más verdadera. Algunas veces la ha entrevisto, ante el espectáculo de la belleza, en la emoción de un sentimiento desconocido, y le dejó con una sed insaciable. Esa vida, que es la vida en abundancia, es lo que llama vida eterna, pues se da cuenta cabal de que contiene la eternidad que el mundo puede ofrecernos. No sabe exactamente qué es, pero la desea con tanta vehemencia, desde el fondo de su ser, que no puede dudar de su existencia. Y esa vida es la que quiere vivir.

Percibe que esa vida eterna tiene un precio. Para conseguirla, seguramente tendrá que aprender a superarse: Dios es exigente, muy exigente, pero eso importa poco, porque vale la pena. Ya tiene el gusto del esfuerzo y la entrega. Lejos de asustarle, el llamado al heroísmo y al sacrificio habla a su corazón con acentos secretos que lo seducen y arrastran. Siente la impaciencia de ponerse a la tarea, de salir al combate. ¿Pero, adónde ir? ¿Qué hacer de extraordinario para merecer la vida verdadera?

La pregunta que formula, al estrenar su vida, no carece de sensatez. Pero, sobre todo, tiene la suerte inaudita de poder hacérsela a Jesús, o sea, a quien en la historia del mundo puede darle la mejor respuesta. Sin embargo, la primera respuesta de Jesús es, a la vez, desconcertante y un tanto decepcionante. Desconcertante, pues comienza por reprocharle cómo la formula: le ha preguntado sobre el bien, pero solo Dios es bueno. Decepcionante, porque ciertamente responde a la pregunta, pero de manera bastante banal, remitiendo al joven en búsqueda de absoluto, a los diez mandamientos, a la ley de Moisés, a la moral más ordinaria —no matar, no cometer adulterio, no mentir, amar al prójimo—. Todo eso es, ciertamente, muy importante y no siempre fácil de cumplir escrupulosamente; él conoció las luchas por dominar su ira o su deseo, aprendió a amar la verdad. Pero espera que Jesús, además del recuerdo, útil pero trivial, del catecismo, le diga algo más: «Todo eso lo he guardado; ¿qué más me falta?».

Entonces Jesús le da una segunda respuesta, más exigente, incluso infinitamente exigente: «Si quieres ser perfecto, anda, vende lo que tienes y dáselo a los pobres, y tendrás un tesoro en los cielos; luego ven, y sígueme». El joven, ¿quería dar algo? Que lo dé todo. Así de simple: todas sus riquezas, que, según el evangelista, eran muchas. Pero, sobre todo, que dé la vida que tiene por delante, esa vida que, con tanto empeño, quiere realizar. Él, que encontraba a Jesús un poco demasiado indulgente en primera instancia, ahora se encuentra desarmado. Habría estado dispuesto a mucho. Si Jesús le hubiera pedido levantarse al alba, pasar horas en oración, peregrinar a pie al otro lado del mundo, ayunar, o ducharse con agua helada, lo habría cumplido con entusiasmo. Pero darlo todo, ¿de verdad? Él, que había venido a Jesús lleno de esperanza, lo deja con tristeza y amargura, incapaz de emprender el camino de santidad que Dios le propone, incapaz de vivir esta vida eterna que, no obstante, desea con todo su corazón. «Solo hay una tristeza —dice León Bloy—, la de no ser santos».

Este encuentro fuerte que termina tan mal, inquieta con razón a los discípulos, que se preguntan espantados, ante la exigencia increíble de su maestro: «Entonces, ¿quién puede salvarse?». De ordinario, Jesús se muestra acogedor con todos: a los pecadores y prostitutas, les muestra la misericordia de Dios, les hace sentir la asombrosa cercanía de Dios, su perdón, su ternura. Se presenta un joven lleno de buena voluntad, de costumbres irreprochables, habitado por el deseo de Dios, y Jesús le pide cosas tan fuera del alcance de la mano, que se marcha desesperado. «Entonces, ¿quién puede salvarse?», preguntan angustiados los discípulos. «Para los hombres eso es imposible, mas para Dios todo es posible»[2]. ¿Qué se puede contestar a esto?

También a nosotros el encuentro de Jesús con el joven rico tiene que inquietarnos si, como él, deseamos la vida eterna: difícil no escuchar como dirigida a nosotros también, esta exigencia extrema de Jesús. En todas las épocas, se trató de ver aquí un simple consejo, al lado de los mandamientos que van dirigidos a todos, creando dos suertes de clases de prescripciones de Jesús. Las obligatorias: el amor al prójimo, la prohibición de matar y del adulterio; las facultativas: la renuncia a todos los bienes. La distinción no es inútil, si pensamos que la llamada al joven rico corresponde a la vida religiosa, a la vida de un fraile. No todos están llamados a renunciar a sus bienes *de este modo*, se entiende. Pero la vida eterna no está reservada a los religiosos, ¡gracias a Dios! Quiere decir que hay otros modos de darlo todo y de dar la propia vida. Tanto más cuanto lo que Jesús dice al joven rico, no deja de repetirlo de otras maneras, a veces un tanto enigmáticas, a lo largo de todo el Evangelio. «Porque quien quiera salvar su vida, la perderá,

---

[2]   Mt 19,26.

pero quien pierda su vida por mí, la encontrará»[3]. Para un cristiano, evidentemente, la vida monástica es facultativa, pero lo que no es opcional, es el don de la propia vida. Darlo todo, eso es mucho. Nos repiten que la salvación es gratuita, que Dios se da a todos sin condición y eso es lo que llamamos gracia, en la lengua técnica de los cristianos. Como su nombre indica, gracia es lo que es gratuito, gratis. Gratos. *Gratia, id est gratis data,* dicen los sabios, en latín: «La gracia es lo que se nos da gratuitamente». Pero no es necesario el latín para comprender que, si miramos de cerca, ¡la gratuidad es cara! Si la vida eterna nos es dada gratuitamente, pero exige de nosotros, a cambio, que renunciemos a todo por ella, se trata de una gratuidad francamente exorbitante. ¿No se parece el don de Dios a los anuncios mendaces que florecen por todas partes a nuestro alrededor, prometiendo siempre premios y buenos negocios que llevan a la ruina?

Se entiende que los cristianos hayan reflexionado sobre el tema. Se trata incluso de la única cuestión teológica que realmente apasionó a los cristianos de Occidente a lo largo de su historia. En la antigüedad, en la época de los Padres de la Iglesia, cuando los cristianos de lengua griega discutían de temas elevados y difíciles, como la Encarnación

---

[3]   Mt 16,25.

o la Trinidad, los cristianos occidentales de lengua latina observaban esos debates como quien ve pasar un avión. No tenían mucho que aportar sobre las dos naturalezas de Cristo, las hipóstasis trinitarias, la querella monotelita. Mientras en Constantinopla parece que se puede disputar con el pescadero sobre las dos voluntades de Cristo, en el puerto de Ostia, Cartago o Marsella, se discute más bien el precio del pescado. Los latinos son campesinos y juristas, dados a lo concreto; no metafísicos, capaces de abstracciones que dan jaqueca. Se entiende, entonces, que los latinos no están dotados para la teología, pero es que todavía no habían encontrado su tema predilecto.

Ese tema está tomando forma, a principios del siglo V, cuando se informa a Agustín, obispo de Hipona —en el norte de África— de que un monje celta llamado Pelagio, establecido en Roma, enseña tonterías. Pelagio sirve de *coach* espiritual a un pequeño grupo de la aristocracia romana al que explica que la perfección está al alcance de la mano: basta con hacer grandes esfuerzos, poner en ello toda la voluntad, aferrarse, luchar, y llegamos. ¿Sin Dios? Sin Dios. En fin —concede— Dios nos ha creado con nuestra libertad, por tanto, ya ha hecho mucho. Luego, nos ha dado los mandamientos. Luego, nos ha dado el ejemplo de Cristo, un muy buen ejemplo que solo debemos imitar. Entonces, basta de quejarse y a la tarea.

Presenté a Pelagio como un *coach* espiritual: no vean aquí un mero anacronismo dirigido a sacarles una sonrisa. Creo que, efectivamente, es su perspectiva: un *coach* no es un teólogo, es un pragmático que se ha dado cuenta de que, para animar a la gente a llevar una vida ascética, más vale decirles que tienen todo en sus manos, y basta con poner la fuerza suficiente, más que hablarles de su naturaleza herida por el pecado original, lo que podría desanimarlos.

Esta enseñanza llega a oídos de Agustín, que ya es una personalidad célebre en la Iglesia de su tiempo. Y lo que escuchó no le gustó demasiado. Primero, porque él pasó varios años de su vida lejos de la fe —se convirtió cuando tenía más de 30 años— y tiene un juicio muy duro sobre sus años jóvenes, perdidos detrás de las chicas y de la fama. De ahí se quedó con la idea de que, sin Dios, librado a sus capacidades, el hombre tiende a hacer cualquier cosa. Incluso si llegara, con esfuerzos extraordinarios, a distinguir la verdad y el bien, es incapaz de ponerse en camino para alcanzarlos. Pero, sobre todo, Agustín es un buen teólogo, sabe que Cristo no es solo el ejemplo de buenas acciones que hay que imitar, sino el salvador, que nos salva independientemente de nuestros méritos. ¿Jesús no les reprocha constantemente a los fariseos que creen que, con sus prácticas piadosas, merecen el paraíso? Grave ilusión, nos dice Agustín, después de san Pablo, otro converso, por cierto: no, la salvación, la vida eterna, la vida divina, es todo ello, un regalo de Dios.

A partir de entonces, Agustín va a desplegar su energía, y su inteligencia fuera de lo común, para presentar una doctrina cristiana de la gracia de Dios, a través de tratados, sermones, cartas —una masa documental considerable—, en la que se expresa un pensamiento en movimiento, apenas sistematizado, a menudo polemizando con uno u otro, pero en donde se puede encontrar, según los periodos y las circunstancias, fórmulas contradictorias: así, en los siglos siguientes, se van a poder pelear a golpe de citas de Agustín, puesto que en él se dan distintas inflexiones.

La Iglesia, como era de esperar, da la razón a Agustín, pero de hecho el debate está muy lejos de haber terminado. En breve, ya nadie apelará a la doctrina del pobre Pelagio, pero allí se descubrió un pozo infinito de interrogantes. Es Dios el que salva. Se entiende, pero entonces, ¿por qué hay mandamientos si no somos capaces de cumplirlos? ¿Por qué Jesús nos manda amar a nuestro prójimo si de verdad nuestro corazón no es capaz de ese amor? Por otra parte, la salvación es quizá gratuita, pero cuando vemos todo lo que Jesús nos pide, ¡es una gratuidad inalcanzable! Los perezosos darán vuelta a la cuestión, para plantearla de otra manera: ¿para qué esforzarse si es la gracia de Dios la que nos salva? ¿Para qué molestarse en dedicarse a la parroquia, ser fiel a la propia mujer, ser honesto en el trabajo, si eso no nos conduce al paraíso?

La historia del cristianismo en Occidente está continuamente marcada por esos debates y, a veces, se torna en farsa, como cuando el papa es invitado a arbitrar una disputa interminable entre jesuitas y dominicos. A lo largo de la disputa, las dos órdenes rivalizaban en sutilezas escolásticas y multiplicaban los conceptos y las categorías abstractas. El papa lo concluyó en 1607, tras 25 años de querella pública, declarándose incapaz de zanjar una discusión en la cual él ya no entendía más nada, y sospechando que también las partes en presencia tampoco comprendían nada, transitando niveles de abstracción que superan el entendimiento. Se limitó a prohibir que los teólogos de las dos órdenes se trataran mutuamente de herejes.

Pero la cuestión toma a veces un giro más dramático. En torno a esta cuestión de la gratuidad del amor de Dios y la necesidad de las buenas obras, se va a dividir, dolorosa y prolongadamente, la cristiandad de Occidente, cuando un monje agustino alemán, Martín Lutero, acuse a la Iglesia católica de haberse conformado en los hechos con la doctrina de Pelagio, dando demasiada importancia a las obras, en particular en la vida monástica. Su doctrina de la justificación, principal punto de ruptura en el fondo con el catolicismo, entiende recuperar la fe de Agustín en toda su pureza. También en torno a la interpretación de Agustín sobre la gracia, propuesta esta vez por el obispo Jansen —llamado Jansenius, y su doctrina, el jansenismo—, se van a dividir, y a detestar entre sí, los católicos franceses durante casi dos siglos. Entre los años 1950 y 1960, se retomarán las discusiones, más vivas y más técnicas que nunca, en torno a las obras de Henri de Lubac.

Y luego, no hay más nada. Después de siglos de debates apasionados, de divisiones trágicas, de mutuas acusaciones de herejías, el expediente que tanto apasionó a Occidente parece haber perdido, de golpe, todo interés. Entre los profesionales de la teología la gracia es, sobre todo, un objeto de curiosidad un tanto obsoleto, un punto en la historia de la doctrina. Ya no se habla más de ella en otros lugares de la Iglesia, ni en las catequesis, homilías o enseñanzas de los obispos. Hay que decir que los tratados que le fueron consagrados tenían, con mucha frecuencia, los peores defectos que se puedan reprochar a la teología: allí donde el tema no es de ningún modo susceptible de verificación experimental, los teólogos habían multiplicado los conceptos. Por ejemplo, los distintos tipos de gracia: gracia preveniente, gracia antecedente y gracia consecuente; gracia eficaz y gracia suficiente; gracia santificante y gracia actual; gracia sanante y elevante; sin olvidar, por supuesto, la imprescindible gracia *gratuita*. Sin duda nos hemos cansado, y hemos pensado que los teólogos habían decidido definitivamente archivar este expediente molesto y polvoriento, junto al del sexo de los ángeles, en el estante de los artículos inútiles.

Se entiende este descorazonamiento. Sin embargo, el problema sigue intacto, y se plantea tanto a los cristianos de ayer como a los de hoy. ¿Si Dios nos ama gratuitamente y sin condiciones, porqué nos pide que cumplamos los mandamientos, mandamientos de una exigencia tan grande que parecen revelarse, en la práctica, como totalmente fuera de nuestro alcance? ¿Qué significa vivir en cristiano, en medio de tantos mandatos, con frecuencia contradictorios?

Esperemos que, para intentar responder a esta pregunta esencial, no sea necesario abrir este expediente teológico tan voluminoso como complejo. En cualquier caso, es otro camino el que intentamos proponer aquí al lector. Frente a nuestra pregunta, no es inútil, sin duda, volver al Evangelio, donde parece que Jesús trató de darnos algunos elementos para una respuesta. En particular es el caso de un largo discurso que ocupa los capítulos 5 al 7 del Evangelio de Mateo, que se acostumbra designar como Sermón de la montaña. «Sermón»; no porque Jesús haya entregado allí una moralina enojosa y aburrida, sino porque es el viejo término, calcado del latín, para referirse a «discurso». «De la montaña»; simplemente porque, según los Evangelios, «subió al monte» (versículo 1), en algún lugar de Galilea, con el fin de poder ser escuchado por el mayor número de personas. Pero la mención de la montaña no apunta solo, seguramente, a mostrarnos el espíritu práctico de Jesús antes de la invención del micrófono, sino que también, para un lector despierto, hay una referencia a otra montaña, el Sinaí, donde Moisés recibió la ley de Dios en tablas de piedra. Esta ley dada a Moisés constituye para muchos judíos del tiempo de Jesús el corazón de la religión, de la cual hay que meditar y aplicar escrupulosamente cada precepto. Jesús no dejará de discutir, en ocasiones vivamente, con los más fervientes defensores de la ley, los fariseos, miembros de un grupo religioso dado al estudio y a la práctica de los mandamientos, a quienes reprocha su espíritu rígidamente legalista. Con mucha frecuencia, son los fariseos los que le reprochan sus infracciones a la ley de Moisés, en particular, que cure a los enfermos y a los poseídos el sábado, día de Sabbat, en que la ley prescribe que no se puede realizar ningún trabajo. Parece, entonces, que Jesús toma distancia de la ley cuando esta nos ciega, hasta el punto de impedirnos ver el sufrimiento de nuestros hermanos: «El sábado ha sido instituido para el hombre y no el hombre para el sábado»⁴, zanja, negándose a hacer de la ley un absoluto. Por otra parte, Jesús no es el único dentro del judaísmo palestino del siglo primero en proponer una relación más humana, más flexible con la ley. Otros maestros lo hacen también, con el mismo buen sentido. Pero ese día, en el monte, Jesús hace algo totalmente distinto, algo que ningún rabino imaginó jamás. Más que explicar o interpretar, discutir, aclarar, distinguir las prescripciones de la ley de Moisés, la reemplaza. Les propone a sus discípulos nada menos que una Ley nueva, aunque afirma, al mismo tiempo, que no queda abolida la antigua ley. Su ley es más bien el cumplimiento de la otra, aunque no precisa el sentido exacto de este cumplimiento. Sí hay una cosa cierta: esta nueva ley, la del Sermón de la montaña, no es menos exigente que la ley de Moisés. Parece que a Jesús, más bien, le gusta mostrar que Él pide más de lo que pedía la ley: «Si vuestra justicia no es mayor que la de los escribas y fariseos, no entraréis en el Reino de los Cielos»⁵.

Jesús, detractor del legalismo, no parece tomar a la ligera su propia ley. A lo largo de este prolongado discurso, Jesús se dedica a detallar sus exigencias con ayuda de muchas fórmulas llamativas, como «amad a vuestros enemigos y

---

⁴   Mc 2,27.
⁵   Mt 5,20.

rogad por los que os persigan», «al que te abofetee en la mejilla derecha ofrécele también la otra», «a quien te pida da, y al que desee que le prestes algo no le vuelvas la espalda», «no podéis servir a Dios y al dinero», y aún, «no andéis preocupados por vuestra vida, qué comeréis, ni por vuestro cuerpo, con qué os vestiréis». Cada línea sorprende, molesta, remueve. Siglos de comentarios, a veces acomodaticios, y homilías, con frecuencia demasiado banales, no han podido erosionar la radicalidad atrapante de este programa de vida.

¿Esta misma radicalidad, en que estriba la fuerza del discurso, no es también su debilidad? ¿No lo hace inaplicable o, al menos, fuera del alcance de nosotros, pobres mortales que no pretendemos el heroísmo de los santos? ¿No presenta Jesús un ideal magnífico y lejano, dirigido más bien a ser admirado que aplicado, como esas cumbres nevadas que uno se complace en contemplar desde el llano, reservando la cumbre para los montañeros de elite, bien equipados y entrenados? Cristianos deseosos de portarse bien, pero asustados por estas prescripciones que les parecen irrealizables, han sugerido que lo que Jesús entendía revelarnos en todo su rigor, era la exigencia de la perfección, no para que la practiquemos, sino, simplemente para que tomemos conciencia de nuestra total incapacidad de alcanzarla. De esta manera, liberados, de una vez por todas, de la tentación de alcanzarla con nuestras propias fuerzas, al modo de Pelagio, podríamos ¡por fin! pedirle ayuda a Dios y dejar que nos salve, sin esperar merecer el cielo de otro modo que no sea por su gracia. Astuto recurso que sugiere, no obstante, un Dios un pelín manipulador, capaz de tomar el riesgo de nuestra desesperación, y que choca, sobre todo, con la conclusión del Sermón. En una célebre parábola[6], Jesús compara a los que escuchan las palabras que acaba de pronunciar —el Sermón de la montaña con todas sus exigencias— sin ponerlas por obra, a un loco que construyó su casa sobre arena que los elementos de la intemperie pronto tirarán abajo. Al contrario, quien no se contenta con escucharlas, sino que se esfuerza por practicarlas, es como un hombre prudente que ha puesto los fundamentos sobre roca, y cuya casa no tiene que temer ni a las tormentas ni a las tempestades. Parece claro que Jesús espera de sus discípulos, no tanto que se contenten con admirar de lejos sus enseñanzas, ni que afligidos, se digan incapaces de seguirlas, sino que las vivan concretamente, día a día.

Este pequeño libro no pretende proporcionar un comentario completo de este largo discurso de Jesús, ni siquiera proporcionar una introducción aceptable para un

---

[6]   Mt 7,24-27.

biblista. Más bien se trata de abrir algunas pistas de lectura, dirigidas a hacer saborear el Sermón, a comprenderlo en su exigencia, y a invitar también a quienes buscan en este mundo un punto de apoyo sólido a construir su vida sobre la roca verdadera. Contando con la gracia de Dios, desde ya.

I.

«MUCHOS PREGUNTAN: ¿QUIÉN NOS HARÁ VER LA FELICIDAD?»

Si mi editor fuese más listo y, sobre todo, codiciara más las ganancias, rechazaría con gesto de desdén los proyectos que le presento, y me pondría a escribir sobre la felicidad antes que sobre temas curiosos como la gracia, la ley, la vida espiritual. La felicidad, en efecto, es un tema para un libro que presenta, por lo menos, dos excelentes ventajas. Primero, es de amplio interés general ya que, a fin de cuentas, todos la buscan, sin excepción, creyentes y no creyentes, jóvenes o viejos, en todos los países, en todas las clases sociales: difícil encontrar un tema que una más. La segunda ventaja, no menor que la primera, es que, a propósito de ella, reina una absoluta confusión. Todo el mundo busca la felicidad, pero nadie sabe de verdad lo que es, y menos aún, dónde buscarla. No faltan teorías, pero no hay consenso sobre ellas. Por ello, el autor que se anime a seguir su propia brújula, deberá enfrentar una fuerte competencia: hay una legión de obras sobre el tema, y solo algunas ocupan el podio de las más vendidas en librería de modo permanente, encumbrándose sobre una pila de libros que penan por tener éxito. ¿Pero es necesario el éxito para ser feliz? Sin duda habría que leerlos para saberlo.

¿Quizá por haber intuido mucho antes que nadie la buena veta, Jesús comienza el Sermón de la montaña con una vigorosa interpelación sobre la felicidad?[7]. Nos puede sorprender hallarla en este contexto, como introduciendo la ley moral que viene a continuación, a lo largo de los tres capítulos siguientes. Después de todo, el código civil no trae nada sobre la felicidad, lo que es normal; no es asunto suyo. La ley se ocupa de ordenar y de prohibir, y no se puede mandar ser feliz, como tampoco se puede prohibir. Hay que creer que la ley de Cristo es distinta, y que quiere conducirnos allí donde las leyes humanas no pueden llevarnos, a esa felicidad que todos buscan, aunque no todos, necesariamente, de este modo.

Bienaventurados los pobres de espíritu, porque de ellos es el Reino de los Cielos.

Bienaventurados los mansos, porque ellos poseerán en herencia la tierra.

Bienaventurados los que lloran, porque ellos serán consolados.

Bienaventurados los que tienen hambre y sed de la justicia, porque ellos serán saciados.

Bienaventurados los misericordiosos, porque ellos alcanzarán misericordia.

Bienaventurados los limpios de corazón, porque ellos verán a Dios.

---

[7] Mt 5,3-12.

Bienaventurados los que trabajan por la paz, porque ellos serán llamados hijos de Dios.

Bienaventurados los perseguidos por causa de la justicia, porque de ellos es el Reino de los Cielos.

Bienaventurados seréis cuando os injurien, y os persigan y digan con mentira toda clase de mal contra vosotros por mi causa.

Alegraos y regocijaos, porque vuestra recompensa será grande en los cielos; pues de la misma manera persiguieron a los profetas anteriores a vosotros.

A pesar de la marcada repetición del término «bienaventurados» tenemos derecho a preguntarnos si en efecto Jesús trata aquí de la felicidad, pues parece tan lejos de lo que nosotros entendemos ordinariamente por este nombre. Es cierto que se emplea el término para designar realidades muy diferentes. «¿No es esto la felicidad?» Podemos preguntar a un amigo, cuando tomamos un café con él, al sol, después de un buen almuerzo. Jesús respondería: no está claro, aunque los Evangelios atestiguan que no rehuía un buen almuerzo, hasta el punto de que lo trataban de comilón y borracho[8]. Sin embargo, no parece comprender la felicidad como la capacidad de aprovechar los pequeños placeres cotidianos. Jesús parece apuntar aquí a algo incluso mucho más alto que la satisfacción de

---

[8]   Mt 11,19.

nuestras necesidades esenciales. Y si se trata, una vez más, de satisfacción, quizá sea la de un deseo más grande, de ese deseo de vida eterna que apretaba el corazón del joven rico y le hacía entrever una vida más profunda y más intensa[9]. ¿Las enseñanzas de Jesús sobre la felicidad son una versión pormenorizada, pero en el fondo idéntica, de la respuesta radical dada entonces al joven, que tanto lo entristeció?

Tenemos derecho de pensar así. El discurso de Jesús puede parecernos, también a nosotros, profundamente desconcertante. No se parece, como era de suponer, a las recetas para ser feliz que prometen las revistas por solo unos pocos euros y que, por lo general, no disimulan más que un egoísmo superficial que no convence a la gente razonable. Y lo que es aún peor: no se parece en absoluto a los propósitos más sensatos sobre la felicidad, que sostienen los consejeros más dignos de atención, lo que se enseña incluso en las iglesias: avisos prudentes y sanos, pesados en la balanza de la experiencia y de la sabiduría. Felices los que han fundado una familia estable; felices los que tienen un trabajo útil y apasionante; felices los que saben dar su tiempo más allá de la exigencia comercial, aunque sin abandonar por eso los ratos de ocio reparador. Felices los que no pierden su tiempo; felices los que están libres

---

[9]   Mt 19,16-26. Véase la Introducción.

de adicciones; felices los que saben construir amistades sólidas. Y después, por supuesto, el dinero no da la felicidad, pero: felices los que llegan a fin de mes sin preocupaciones; felices los que gozan de buena salud y tienen los medios para cuidarse. Es más bien en ese tipo de máximas en las que normalmente buscamos la felicidad, estimándonos bastante sabios por haber sabido evitar las ilusiones ostentosas del placer, del dinero fácil o de la fama.

En cuanto a los caminos abiertos por Jesús, no todos parecen particularmente deseables. Tener un corazón puro, ser misericordioso, trabajar por la paz después de todo es algo ciertamente muy bueno, y si no fundamos nuestra búsqueda de felicidad en eso, no vemos necesariamente la contraindicación. Pero, ser pobre —incluso «de corazón», lo que parece al menos espiritualizar parcialmente el asunto—, llorar, ser perseguido, ¿qué tiene que ver con la felicidad? ¿Jesús se contenta con hacer el contrapunto del sentido común, buscando así la originalidad a bajo precio? ¿Realmente los cristianos aparentan creer que hay que buscar la miseria, la tristeza, la persecución?

No. Y tienen razón. Jesús no nos dice, con el acento insoportable de una rica mecenas, que la pobreza es, en el fondo, la verdadera riqueza, ¡y que los que no tienen nada, en realidad, tienen una gran suerte! La pobreza no tiene ningún interés. Pone límites y obstáculos a los requerimientos más legítimos, como la educación o los cuidados médicos para los que amamos. No hay que buscar la tristeza, ella se codea cómodamente con la desesperación o el desánimo. En cuanto a la persecución ¿tendríamos que agradecer a los verdugos y opresores que abran el camino de la felicidad a sus víctimas? Todo eso no es la felicidad. Y Jesús no dice lo contrario. Lo que Jesús nos dice es que la felicidad no consiste en no tener nada, sino en poseer el Reino de Dios. Lo que conviene buscar definitivamente, no es ser pobre, ni triste, ni misericordioso, ni tener hambre de justicia, sino ser consolado, saciado y perdonado; ser llamado hijo de Dios, ver a Dios. Lo que nos hace felices, o que responde al deseo del joven rico, así como a nuestro anhelo más íntimo, es todo eso a la vez. Jesús lo engloba en una fórmula: el Reino de Dios. Otras fórmulas lo describen con detalle.

Jesús habla del Reino a menudo. Es más, habla de él todo el tiempo. Pero lo más curioso es que nunca determina el contenido exacto de esa realidad que está en el corazón de su predicación. La describe con imágenes y parábolas. El Reino de Dios es como un sembrador, como un grano de mostaza o un poco de levadura; es un tesoro, es una red, pero es también un rey que organiza un banquete o que arregla cuentas con sus servidores, o también un comerciante en perlas finas. Es tanto un proceso en desarrollo, como un acontecimiento por venir, o ya pretérito. Jesús nos dice que «está cerca»[10], o incluso que está «en medio de vosotros»[11], mientras que en el padrenuestro nos sugiere que pidamos su venida. En resumen, si esa es la respuesta de Jesús a nuestro deseo de felicidad, si es el centro de su mensaje, hay que reconocer que está todo bastante embrollado y que tenemos todas las razones para estar un tanto perdidos.

Por otra parte, es como para preguntarse si el mismo Jesús no habrá confundido las pistas para mostrar que esta historia del Reino de Dios no es tan sencilla como parece o, mejor dicho, como parecía. Porque anunciar el Reino de Dios en la Galilea del primer siglo, no era referirse a una idea más o menos mística, más o menos oscura. Nada estaba más claro: el Reino de Dios era el momento esperado por todo judío en el que, finalmente, Dios tomaría en mano los destinos de su pueblo, echaría al ocupador romano y pondría fin a todos los sistemas políticos corruptos, imperfectos y decepcionantes, gobernando él mismo y asegurando a sus administrados la justicia, la prosperidad, la paz. El Reino de Dios era, en la espera del pueblo de Israel, la intervención de Dios en la historia, la salvación política y militar,

---

[10]   Mt 10,7.
[11]   Lc 17,21.

inaugurando los últimos tiempos, los tiempos mesiánicos. En consecuencia, a lo largo de su predicación, Jesús dedica su tiempo, precisamente, a luchar contra aquellos que, entre sus mismos seguidores, creen que viene para instaurar un nuevo orden político y social, que todo el mundo llama, justamente, el Reino de Dios. Jesús no renuncia a ese término ambiguo —porque él es portador de siglos de promesas divinas—, pero al precio de constantes malentendidos sobre el sentido mismo de su misión.

Y será finalmente en la cruz cuando el malentendido se aclare. Los que contaban con Jesús para inaugurar un sistema político nuevo han salido perdiendo. Pero los que lo escucharon atentamente comienzan a disponer de todas las piezas del rompecabezas, cuando condenan a muerte, bajo su mirada, al que los romanos califican, burlándose, como «rey de los judíos» y lo coronan con corona de espinas. El Reino de Dios no es el todopoderoso que viene a tomar control del mundo y de los hombres, sino la revelación del amor de Dios en su intransigencia increíble, que se ofrece al corazón del hombre sin manipulación, sin imposición, por el solo espectáculo de su sacrificio absoluto.

Se esperaban legiones de ángeles, los rayos tronando y cayendo, el sonido grandioso y la luz como manifestación de la potencia divina; en vez de todo eso, se deja ver solamente el amor simple y total de Dios, a través de la impotencia confiada de un niño en una cuna, o de la paciente resignación de un condenado que lleva una cruz.

El Reino de Dios es Dios que se revela a nosotros tal como es, y cuyo amor no es un atributo entre otros, ensamblado entre la omnipotencia y la omnisciencia, sino su misma naturaleza, su verdadera esencia.

Esta revelación de Dios que nos salva, que inaugura su Reino, es un don gratuito, una gracia, sin condición, sin mérito de nadie. Nada le falta más que entrar concretamente en nuestras vidas: que aceptemos este amor ofrecido, que aceptemos el hecho de ser amados. Ahí es donde comienza la vida cristiana, la vida espiritual, la ley cristiana y los mandamientos. El Reino se ofrece a todos: Dios no pone ninguna condición previa; no pone condiciones. El Reino no es un club que impone un reglamento, unos usos y unas condiciones de acceso a sus miembros.

¿Es realmente así? ¿No es el mismo Jesús el que cuenta una parábola en la que el Reino se describe como un festín de bodas que un rey ofrece a su hijo y que, ante las excusas poco convincentes de sus invitados, que manifiestamente no tienen mucha hambre, decide finalmente ampliar la fiesta a todos, a los buenos y a los malos, a todos los que sus servidores encontraron en los caminos?

Hasta ahí ninguna inquietud: el Reino se da a todos. Sin embargo, poco después, esto se echa a perder, cuando el rey se hace presente en la recepción y, dando vueltas entre los invitados con su copa de champán en la mano, nota que uno no tiene el traje de fiesta. «Le dice: mi amigo, ¿cómo entraste aquí sin llevar el vestido de bodas?». El otro se queda mudo. Entonces dijo el rey a sus siervos: «Atadle de pies y manos, y echadle a las tinieblas de fuera; allí será el llanto y el rechinar de dientes». Y Jesús concluye esta escena que nos deja helados: «muchos son llamados, mas pocos escogidos»[12].

¿Se puede seguir diciendo que el Reino está abierto a todos, cuando nos podemos hacer echar sin consideración por no estar bien vestido, por no tener el bautismo legíti-mo, ni la acción virtuosa en nuestro haber? En realidad, la conclusión de la parábola solo nos sorprende porque nunca hemos asistido a un festín en la época de Jesús. En nuestras bodas de hoy, en cuanto vestimenta, vamos bien vestidos, sí. En los antiguos festines era distinto: te da-ban el traje de boda al llegar. En esa época se sabía recibir: cuando uno se presentaba en la entrada, le lavaban las ma-nos, los pies, le daban un vestido blanco, una corona de flores. El error del invitado de la parábola no está en haber olvidado el smoking en su casa, sino en no haberse dejado cuidar y vestir, al ser levantado en un cruce cualquiera. Él

---

[12]   Mt 22,1-14.

llega como todo el mundo, más o menos sucio, no muy presentable, y nadie se lo puede reprochar, pero su error está en no haber dejado que el dueño de casa le brindara sus cuidados. No se dejó mirar, purificar, amar. Al igual que Pedro en la noche de la última cena ha rehusado que Jesús le lave los pies. ¿Cómo tendrá parte con Dios si no deja que el amor de Dios entre en él? Creemos a menudo que la justicia divina es difícil, pero lo que más nos cuesta es aceptar el amor que Dios nos tiene.

«Bienaventurados los pobres de espíritu, porque de ellos es el Reino de los Cielos», no significa que un guardia apostado a la entrada impide pasar a los que tienen la desgracia de ser algo demasiado ricos, aunque sea «de espíritu». Pero la parábola nos advierte: para entrar al festín es necesario tener hambre. Hambre y sed de justicia. Estar lo suficientemente afligido como para desear el consuelo; ser lo suficientemente pobres como para desear la verdadera riqueza; tener la mirada lo suficientemente pura como para percibir a Dios cuando se nos revela. Estos caminos paradójicos de felicidad que Jesús presenta aquí, y del que todo el Sermón de la montaña —que lo sigue, a continuación—, será un desarrollo, nos explican, precisamente, lo que es ser manso, tener un corazón puro, ser pobre de espíritu.

Todos esos caminos de felicidad no son una serie de buenas obras que hay que cumplir para que Dios, a cambio, acepte darse a nosotros. Responden solo a una única exigencia, la más exigente de todas, pues ni siquiera nos halaga en nuestro orgullo, como hacen habitualmente nuestro esfuerzos y luchas. En la Iglesia gastamos muchas energías en homilías, en conferencias, en deplorar lo difícil que es cumplir el mandamiento de Cristo, de amar al prójimo como a sí mismo. Entonces nos esforzamos por eludir la dificultad a fuerza de habilidad exegética y retórica, explicando que amar no necesariamente es lo que pensamos: podemos tratar de hacer lo mejor, querer el bien, o no hacer el mal. No me explico que, durante ese tiempo, nos ocupemos mucho menos de lo que debería ser el verdadero lugar de nuestra atención: dejarnos cubrir con el vestido de boda, dejarnos amar, acoger el Reino que se nos da.

II.

«SI TU LEY NO HUBIERA SIDO MI DELICIA, YA HABRÍA PERECIDO EN MI MISERIA»

Ese padre de familia de la parroquia, a la vez orgulloso y molesto, probablemente también molesto por sentirse orgulloso, me cuenta la última aventura de su hijo de 11 años. Acosado día tras día por uno de sus compañeros de colegio, terminó encontrando la solución metiéndole un puñetazo en la cara. El padre, como todos los padres, sabía bien que la violencia no resuelve los problemas, y se lo había enseñado a su hijo lo mejor que había podido. Pero sabía también, por haber pasado por eso años antes, lo que enseña la sabiduría inmortal de los recreos: que hay que saber hacerse respetar. Y no podía dejar de pensar que su hijo tenía que hacer lo que tenía que hacer. Por supuesto, no tenía la inocencia de pensar que con eso bastaría, y ese momento de violencia permitió, por otra parte, que los padres de los dos chicos se metieran de lleno en la educación de sus hijos para tratar de sanar una atmósfera manifiestamente viciada: la violencia no era la solución, pero había sido necesario el puñetazo para revelar la realidad del acoso y del sufrimiento del acosado, para poner a los padres frente a su responsabilidad. Pero,

¿qué hacer con la enseñanza de Jesús?, ¿qué nos manda? Cuando nos abofetean en una mejilla, ¿presentar la otra?[1]. No es tan difícil dejarse abofetear; numerosas víctimas lo saben demasiado bien. Cuando yo era novicio —primer año dentro de la orden dominicana— me encontré, un día, con ocasión del brindis de fin de año de una asociación de la que yo era benefactor, confrontado brutalmente con el tema: uno de los participantes en la fiesta, sin duda un poco más alcoholizado de lo debido, me explica que no existen los buenos cristianos, y para probarlo me estampa una bofetada en la cara. Llamado de esta manera francamente inesperada a mostrar mi fidelidad a la enseñanza de Jesús, y deseoso de cumplir con mi deber de ejemplaridad de joven religioso, decidí no despreciar el detalle —después de todo, me había abofeteado en la mejilla izquierda, y no en la derecha, como dice la parábola de Jesús— y presentarle la otra mejilla. Francamente, no le tendí la otra mejilla, sino que la dejé disponible para una nueva bofetada. Al hacer eso, me preguntaba, de todas formas, si lo que estaba haciendo correspondía verdaderamente con lo que pide Jesús. Por otra parte, mi interlocutor ebrio no parecía particularmente edificado por mi serenidad evangélica. Está claro que apliqué el Evangelio al pie de la letra, ahora

---

[1] Mt 5,39.

bien, ¿lo viví por ello verdaderamente? Ese día, sin saber muy bien por qué, me quedó la duda.

Jesús presenta, por otra parte, ciertas pequeñas situaciones de la vida cotidiana que pueden servir de ejemplo más que de mandamientos. «El que llame a su hermano 'imbécil', será reo ante el Sanedrín»[2]. O «si, pues, al presentar tu ofrenda en el altar te acuerdas entonces de que un hermano tuyo tiene algo contra ti, deja tu ofrenda allí, delante del altar, y vete primero a reconciliarte con tu hermano; luego vuelves y presentas tu ofrenda»[3], o «al que te obligue a andar una milla vete con él dos»[4]. Verdaderamente no es el lenguaje de la ley, sino el de lo anecdótico, en imperativo, es cierto. ¿Por qué pasar por eso en vez de formular prescripciones claras y generales, siguiendo el ejemplo de la ley de Moisés? «No matarás»: he ahí algo que no admite discusión.

Jesús lo sabe: todas nuestras fórmulas son falsas, en el sentido de que pueden ser malentendidas, forzadas, llevadas al extremo hasta el punto de ser totalmente malinterpretadas. El predicador tiembla siempre al pensar que el consejo que da con autoridad, por estar circunscrito a una determinada circunstancia, será aplicado en

---

[2]   Mt 5,22.
[3]   Mt 5,23 y 24.
[4]   Mt 5,41.

otra circunstancia distinta, lo que le hará perder toda su significación o le dará un carácter sistemático que lo vaciará de su sustancia. El autor de libros ni siquiera ve el efecto de sus palabras en el rostro de su lector, para apresurarse a rectificar, matizar, distinguir. Lo que es verdad de nuestras palabras humanas puede serlo también de las prescripciones del Evangelio, incluso de las más claras y sobre todo de las más claras. «Amad a vuestros enemigos», por ejemplo, se puede comprender como: sobrellevar con complicidad el mal que nos hacen. Toda vez que Jesús jamás nos invita a la menor complicidad de este género. Terrible malentendido que pone a la víctima en una situación invivible. El llamado a la castidad y a la pureza de la mirada, útil ciertamente a personas impulsivas, puede también llevar a un adolescente tímido, asustado por una sexualidad a la vez atrayente e inquietante, a canonizar un poco apresuradamente sus propios miedos y a encerrarse en ellos en un aislamiento temeroso que nada tiene que ver con la verdadera castidad. No hay ninguna prescripción, por santa, por sensata que sea, que no pueda ser dada vuelta contra ella misma.

Quizá por eso Jesús, en este discurso que Él mismo presenta como la Ley nueva, se abstiene de dar prescripciones legales. Su ley funciona de manera totalmente distinta. Y ciertamente, es en eso donde difiere netamente de la ley de Moisés, de la que dice que no viene a abolirla, sino a darle cumplimiento. La antigua alianza funcionaba justamente por prescripciones, es decir, por reglas que se trata de respetar tal cual son. Es el caso de las prohibiciones de alimentos que ponía la ley, siguiendo un sistema complejo —la *Kashrut*[5]— que declara puros o impuros los distintos alimentos que se ofrecen al apetito humano. Una regla, como, por ejemplo, la prohibición de comer cerdo, funciona simplemente: si usted come salchichón, infringe la ley; si no come, la respeta. No hay modo de ser celoso de su cumplimiento, de respetarla de un modo que sea mejor; por ejemplo, incluyendo también la carne de vaca y de cordero. Usted puede ayunar todo lo que quiera, pero no por eso cumplirá mejor lo que prescribe la ley.

Leer la llamada de Jesús a poner la otra mejilla como si se tratara de una prohibición alimenticia, es evidentemente absurdo. Suponer que se ha cumplido el mandamiento porque físicamente hemos puesto la otra mejilla, como hice yo durante mi noviciado, es comprenderlo de la manera más estrecha. Más bien Jesús invita, con este ejemplo literalmente impactante, a no responder al mal con el mal, a no alimentar la violencia, abandonando para ello nuestro orgullo, nuestra impaciencia, nuestro resentimiento,

---

[5]   O *kósher* (ndt).

y preferir un respeto incondicional hacia prójimo. Pero nada dice que tender la otra mejilla sea realmente la mejor manera de alcanzar este resultado. Mucho más que una consigna, lo que Jesús nos indica es más bien una dirección a seguir. Y es así, más que poniendo nuevos preceptos, como se distancia de la ley de Moisés. Cuando parece despegarse de esta última («Ustedes saben que se dijo a los antepasados... pero yo os digo...», es un estribillo que estructura el capítulo 5), no es, como podría creerse, para hacer la regla más dura: la ley prohibía matar, y Jesús hace una interpretación maximalista, asimilando el más mínimo movimiento de ira a un asesinato; la ley prohibía el adulterio, y Jesús dará de este último una definición tan amplia que abarca incluso el deseo con la mirada; la ley prohibía mentir bajo juramento, Jesús simplemente prohíbe la mentira, incluso sin juramento. Lo que puede parecer un simple redoblar la exigencia, algo casi imposible de alcanzar, es en realidad la dirección que hay que tomar. No se puede prohibir un movimiento de ira como se prohíbe el asesinato; no se puede prohibir un movimiento de un mal deseo como se prohíbe el adulterio; no se puede prohibir el acomodo con la verdad como se proscribe el perjurio. El asesinato, el adulterio, el perjurio pueden ser objeto de una prescripción legal, que se infringe o se respeta. Rechazar la ira, la mirada de deseo, la mentira, no es poner una regla del mismo orden, sino más bien indicar el camino de los hijos del Reino.

Sería un error ver allí un reblandecimiento, el establecimiento de una religión acomodada, fundada en una vaga dirección más que en reglas claras y precisas. En primer lugar, porque apoyada en situaciones concretas que presenta Jesús, la dirección no tiene nada de vago ni oscuro: al contrario, se presenta con la mayor nitidez. Y a diferencia de las reglas de un código legal, la dirección no tiene límite. Quien respeta la prohibición de alimentos está en paz con relación al mandamiento, igual que el contribuyente deferente está en paz con el fisco una vez realizada su contribución. Uno y otro realizaron lo que se podía esperar cabalmente de ellos. El que se compromete en el camino del Reino no conoce ese descanso. Nunca puede decirse a sí mismo: estoy en paz con relación al deseo: he vencido la ira, he salido de la mentira, he puesto fin definitivamente a la violencia. La dirección marcada por Jesús abre, al contrario, un espacio infinito de progreso: no se trata de estar dentro de las reglas, del buen lado de la estricta línea binaria que trazan las prescripciones legales entre la trasgresión y el respeto; siempre se puede avanzar.

Jesús se refiere a menudo en sus discursos a los justos y a la justicia. Y es bajo esta luz que conviene entender esta noción. El justo no es el primero de la clase que, concienzudamente, ha cumplido todas sus obligaciones, y puede mirar a los demás con la suficiencia de quien ya terminó. Cuando se los cruza, Jesús no es muy tierno con estos «justos». Con el fariseo que subió al templo a orar y que, sobre todo, da gracias a Dios de no ser como el pecador que ve a su lado, encargado de recolectar el impuesto para el ocupante romano[6]. Con un tal Simón, también fariseo, que invita a Jesús a comer a su casa y que, viendo como atendía a una mujer de mala vida que le lava los pies, concluye que Jesús no puede ser un profeta, porque si lo fuera, no dejaría que se le acerque una mujer así[7]. No son esos los justos a los que Jesús se refiere: los que sienten que han llegado a su meta, los que dominan el tema, los que se han ganado el derecho a poseer al buen Dios. El justo según el Evangelio busca, en cambio, mantenerse en esa dirección que quiere seguir.

Además, si bien Jesús señala con nitidez esta dirección, no nos dice de manera precisa cómo comprometernos en ella. Ya hemos dicho que lo anecdótico del discurso no está destinado a ser aplicado al pie de la letra. No reemplaza nuestra capacidad de juicio, ni la conciencia moral de la que Jesús nos ha dotado y que es la única que puede

---

[6]   Lc 18,9-14.
[7]   Lc 7,36-50.

indicarnos, en último análisis, lo que conviene hacer en concreto. Y es que los mandamientos más santos o los libros de moral más perspicaces siempre hablan —¿qué otra cosa podrían hacer?— de situaciones abstractas, generales, sin cantidad de circunstancias concretas y contradictorias que constituyen la realidad de nuestra vida. Cuando me caso no contraigo el matrimonio en su absoluto, sino este matrimonio concreto, con una persona singular, con todas las circunstancias tan variadas y complejas que difícilmente un manual podría decirme si debo o no casarme. Poner la otra mejilla está muy bien, pero ¿si el agresor me amenaza, no solo a mí, sino a mis hijos y a toda la ciudad? Contando con todas las circunstancias concretas, hasta la prohibición sagrada de matar puede ser cuestionada, por ejemplo, por el derecho de legítima defensa y el deber de proteger a los más débiles —nunca a la ligera, nunca sin estremecerse—, pero si matar es siempre un mal, puede que se trate de un mal menor. El francotirador de elite del Grupo de intervención de la Gendarmería Nacional de Francia[8] que abate al secuestrador de rehenes, porque las circunstancias lo exigen, no comete pecado. Los mandamientos y enseñanzas de Cristo y de la Iglesia nos sirven de brújula, pero en el curso de la navegación no es la

---

8   GIGN (ndt).

brújula la que toma las decisiones: solo el capitán puede adaptarse a las circunstancias reales, y es de esperar que no tome las mismas decisiones ante una tormenta que se desata que ante un mar en calma, o si conduce un petrolero de 15.000 toneladas, o una barca de remos para turistas. Cuando señala la dirección a seguir y no lo que hay que hacer, Jesús deja todo su lugar a la conciencia del hombre y, por lo tanto, a nuestra propia responsabilidad. La vida moral del cristiano no consiste en obedecer mecánicamente a unas reglas, sino en evaluar las situaciones y tomar decisiones en conciencia.

Cuando hablo a cristianos de la importancia central de la conciencia de cada cual, me sorprende a menudo encontrarme con cierta desconfianza, como si temieran con eso que les esté proponiendo un cristianismo fácil, como quien promete enseñar inglés sin esfuerzo. ¿No se trata de teorías recientes, dirigidas a conciliar la fe cristiana con nuestras mentalidades modernas, con el riesgo de diluir la exigencia que puso la Iglesia durante tantos siglos? ¿No es una manera hábil y finalmente bastante cómoda de dejar de lado los mandamientos que nos contrarían? Una cosa es segura, en todo caso: lejos de tratarse de una fantasía modernista, el lugar central otorgado a la conciencia personal de cada uno está en el corazón de la doctrina moral más tradicional de la Iglesia. Y es la clave de la enseñanza moral de Jesús y de san Pablo, en el Nuevo Testamento. Y es también, por ejemplo, lo que enseña santo Tomás de Aquino, el teólogo dominico del siglo XIII. En esos siglos que imaginamos oscuros, marcados por una enseñanza religiosa voluntariamente autoritaria, Tomás de Aquino, afirmando el primado de la conciencia personal, llega a decir que, si un hombre cree sinceramente que Jesucristo no es el salvador del mundo, entonces, para ese hombre, recibir el bautismo es un pecado, ya que actuaría contra su conciencia. El bautismo es una cosa buena, —santo Tomás de A., no lo duda ni por un instante— y la conciencia de este hombre, en ese caso, está en el error, pero, incluso en el error, no deja de obligarlo, ya que no hay instancia que sea superior a ella.

Sin embargo, el ejemplo nos señala que nuestra conciencia puede equivocarse. Para evitarlo, conviene formarla. No todas las buenas decisiones las tomamos instintivamente. La conciencia no es cuestión de sentimientos sino de reflexión. Poniéndonos frente a nuestra responsabilidad, Jesús nos hace trabajar: la libertad bien entendida no es dimisión ni facilidad, sino más bien un esfuerzo tanto más grande en cuanto debe enfrentarse también con la incertidumbre y la duda. Al fin y al cabo, tener que formar nuestra conciencia, evaluar una situación, sopesar el bien y el mal, para finalmente decidir libremente en conciencia, no me parece menos exigente que obedecer literalmente y sin reflexión a un punto del reglamento. Para eso, los mandamientos de Jesús o de la Iglesia pueden sernos de gran utilidad: nos señalan los terrenos problemáticos; recuerdan principios importantes; pero lejos de bloquear nuestra reflexión sirviéndole la conclusión necesaria, le permiten, al contrario, comenzar su trabajo libre y responsable.

Bastante antes de Cristo, Jeremías profeta, en tiempos turbulentos, había anunciado que el Señor, a pesar de la infidelidad de su pueblo —que, con su pecado, había roto la alianza sellada en el Sinaí con Moisés—, iba a sellar con él una nueva alianza, distinta de la precedente. «Esta será la alianza que yo pacte con la casa de Israel, después de aquellos días —oráculo de Yahveh—: pondré mi Ley en su interior y sobre sus corazones la escribiré, y yo seré su Dios y ellos serán mi pueblo»[9]. Desde entonces los judíos esperaban un mesías que traería una nueva ley, grabada no sobre tablas de piedra como en los tiempos de Moisés, sino en nuestros corazones de carne. ¿Cómo será posible eso? Al hablar en esta montaña de Galilea, al revelar esta nueva Ley que pretende cumplir la anterior, Jesús nos da el sentido de la ley inscrita en los corazones. Esto no significa que cada uno pueda dejarse llevar por sus deseos, ideas,

---

[9]   Jr 31,33.

instintos, que estarían por naturaleza en consonancia con la Ley: sería desconocer la realidad de nuestra condición, marcada por el mal y el pecado. Todas las utopías que, en la historia de la Iglesia, han pretendido basarse únicamente en la espontaneidad del corazón, han terminado generalmente bajo la tiranía de un gurú, abusos de poder y coacción sexual. Tenemos demasiados ejemplos, aún recientes. La ley inscrita en los corazones que nos propone Jesús es muy distinta: sin imponer prescripciones propias de un sistema de reglas, señala una dirección, sin detallar los pasos que hay que dar. La Ley de Cristo marca el corazón, pero no lo reemplaza. Al contrario, lo despierta a su verdadera misión: llevarnos a Dios.

III.

«CURSARÉ EL CAMINO DE LA PERFECCIÓN: ¿CUÁNDO VENDRÁS A MÍ?»

«Vete, y en adelante no peques más»[1], fundado en una constatación: de toda la gente que la rodea nadie está exento de pecado para poder tirarle una piedra. Y esta mujer dista mucho de ser un caso aislado en el Evangelio. Jesús tiene el perdón fácil. Perdona a prostitutas, ladrones, asesinos, traidores, herejes. Perdona, ante la sorpresa general, incluso a un paralítico que le llevan: ¿no estaba allí para recuperar el uso de sus piernas —que Jesús sanará después— más que para que le perdonen sus pecados?[2]. Perdona tanto que eso irrita, exaspera y, para terminar, pone furiosas a las autoridades de su tiempo que, por eso, lo van a arrestar y a crucificar. Jesús demuestra así, según nuestras categorías habituales, un gran humanidad.

Nos sorprende más constatar la intransigencia con la que Jesús la emprende aquí contra el mal, exigiendo la ruptura radical con él, una radicalidad a la cual le da, voluntariamente, una apariencia extrema, inhumana:

---

[1]   Jn 8,2-11.

[2]   Mt 9,2-8.

Si, pues, tu ojo derecho te es ocasión de pecado, sácatelo y arrójalo de ti; más te conviene que se pierda uno de tus miembros, que no que todo tu cuerpo sea arrojado a la *gehenna*. Y si tu mano derecha te es ocasión de pecado, córtatela y arrójala de ti; más te conviene que se pierda uno de tus miembros, que no que todo tu cuerpo vaya a la *gehenna*[3].

La *gehenna*, nombre que proviene originariamente de un angosto valle de las fueras de Jerusalén, designa nada menos que el infierno. Ya algunas líneas antes, Jesús prometía esta *gehenna* a quien tuviera la imprudencia de tratar a su hermano de loco, cosa que, en algún sentido, parece excesiva. La amenaza parece tan perentoria, que no debe dudarse en cortarse la mano o arrancarse un ojo para escapar de ella. La tradición cristiana estuvo siempre de acuerdo en no leer de manera literal esta sentencia —si no, las iglesias estarían llenas de mancos y de tuertos, o tal vez de ciegos mutilados de sus dos brazos— pero permanece con toda su violencia: para entrar en el Reino, hay que saber renunciar no solo a lo inútil, a lo superfluo, sino a lo que, aún si formara parte de lo nuestro, sería un obstáculo para el Reino. En ese mismo pasaje Jesús la emprende también radicalmente contra la ira, los malos deseos y la mentira: Él, que con tanta indulgencia perdona a los pecadores empedernidos, viene ahora a buscarle cinco patas

---

[3]   Mt 5,29-30.

al gato, reprochando un momento de nerviosismo, ciertos pensamientos ambiguos, pequeñas componendas con la verdad. Si es así, ¡qué ventaja tiene ser su discípulo! Pero, sobre todo, si la actitud de ruptura radical con el mal que presenta Jesús se entiende bien en la teoría, ¿no contradice, en la práctica, lo que sabemos de la naturaleza humana, con sus debilidades y sus contradicciones? Solo un adolescente que aún no tenga mucha experiencia ni de sí mismo ni de la vida, puede mostrar una intransigencia tan absoluta frente al mal. Nosotros, que hemos superado esa edad descaradamente despiadada con las imperfecciones de los adultos, hemos aprendido que la experiencia nos hace necesariamente más comprensivos —más humanos—. ¿Cómo Jesús no habría superado ese estado?

Se podría retrucar que, al contrario, Jesús pide esa radicalidad precisamente porque conoce nuestra debilidad y pretende ponernos a resguardo de las dificultades que superan nuestras fuerzas. Por ejemplo, se podría decir una pequeña mentira. Si recurrimos a ella, es porque con ella simplificamos una discusión o una situación —así lo esperamos—, o porque, quizá, nos hace descollar. No hay realmente nada por lo que armar un escándalo: es algo sin consecuencias, así que ¿por qué privarse de mentir? El problema es que a menudo se necesita una segunda mentira para encubrir la primera. Luego, una tercera. Hasta que nos encontramos atrapados en una red de mentiras, a veces inverosímiles, que forman una prisión sofocante, invivible. A veces, simplemente es la costumbre: el hábito es tal que ya no sabemos resistirnos a la mentira cuando se presenta. Todos nuestros pecados más graves han comenzado así: pequeños compromisos sin gravedad con el mal, concesiones insignificantes que, poco a poco, dejaron que el mal se asentara en nosotros con toda la fuerza de la inercia de la costumbre, hasta dominarnos paulatinamente. Jesús quiere ahorrarnos estas luchas agotadoras, comprometiéndonos a rechazar la tentación cuando esta se insinúa. No es muy difícil ahuyentar un pensamiento que nos asalta la mente, un pequeño gesto de irritación, las ganas de quejarse, un brote de celos. Y es mucho más fácil que luchar contra el mal cuando este, por el hábito, se ha se ha instalado firmemente en nosotros. Cuando nace, la tentación no tiene fuerza o, más bien, su fuerza está en parecer inofensiva. Cuando la tentación era incipiente, parece que podíamos pactar con ella, concederle un espacio limitado, otorgado por nosotros. Creíamos que podíamos dominarla. Pero es entonces cuando nos domina. Así pues, el mejor remedio es radical, en el sentido propio del término: se trata de arrancar el mal de raíz, para evitar que se arraigue en nosotros. La intransigencia de Jesús no es, entonces, un juicio sobre el mal pasado, que siempre está dispuesto a perdonar, sino un llamado de atención sobre el pecado presente y futuro; su indulgencia hacia nuestro pasado no significa que sea ingenuo. Sabe, mejor que nadie, que nuestros pactos con el mal son solo ilusorios, que siempre salimos perdiendo. Sabe que la alegría es exigente, y por eso nos invita a vigilar sobre lo que entra en nuestro corazón.

Pero puede ocurrir que la radicalidad evangélica en el rechazo del mal tenga fundamentos más profundos todavía que esta sabia prudencia. En contra de nuestras definiciones corrientes, Jesús afirma así que lo humano no son nuestra faltas e imperfecciones, sino al contrario, el mal es justamente lo que nos deshumaniza, lo que destruye en nosotros lo que nos es propio, lo que nos mecaniza, lo que hace de nosotros clones, idénticos. Los confesores lo saben bien: los pecadores se parecen banal y tristemente en su pecado. La imaginación solo es realmente creativa cuando se trata de devenir nosotros mismos, estos hijos e hijas de Dios únicos, dotados de talentos irreemplazables, de deseos singulares, con una personalidad inimitable. El pecado no es humano porque nos impide ser nosotros mismos, revelar nuestro verdadero rostro. Digamos, entonces, qué sería lo verdaderamente humano. ¿Sería la perfección? Pues dudaríamos en afirmarlo, si Jesús no nos hubiera dado ese mandato —tan imperativo como imposible de cumplir—: «Vosotros, pues, sed perfectos como es perfecto vuestro Padre celestial»[4]. Ser perfectos como Dios. ¡Nada menos! Ante tamaña invitación, uno se estremece. ¿Cómo podríamos ser perfectos, y quién será tan perfecto como Cristo que es la perfección misma? Es como para preguntarse si Jesús no se estará burlando de nosotros. Además de estar fuera de nuestro alcance, ¿será deseable tal perfección? ¿Buscar la perfección, no es buscarse a uno mismo y en la mejor versión, buscarse hasta la obsesión y el escrúpulo, mucho más de lo que se busca a Dios? La gente intratable consigo misma, esos que no dejan pasar una y se reprochan duramente cualquier desvío, en general respiran más ira y tensión que santidad. Jesús, que reprocha a los fariseos que lo rodean ese deseo de éxito moral, ese prurito de perfección personal, ¿nos pediría que imitemos su actitud?

El sentido de este mandamiento sorprendente nos es dado por lo que le precede:

> Habéis oído que se dijo: «Amarás a tu prójimo y odiarás a tu enemigo». Pues yo os digo: Amad a vuestros enemigos y rogad por los que os persigan, para que seáis hijos de vuestro Padre celestial, que hace salir su sol sobre malos y buenos, y llover sobre justos e injustos. Porque si amáis a los que os aman, ¿qué recompensa vais a tener? ¿No hacen eso mismo

---

4   Mt 5,48.

también los publicanos? Y si no saludáis más que a vuestros hermanos, ¿qué hacéis de particular? ¿No hacen eso mismo también los gentiles? Vosotros, pues, sed perfectos como es perfecto vuestro Padre celestial.

El contexto indica claramente que no se trata de que imitemos al Padre en todas sus perfecciones: ser omnisciente, omnipotente, tener una infinita grandeza, bondad, justicia. Eso es lo que está fuera de nuestro alcance. Pero la perfección del Padre, que es la que nos interesa, es la de su amor dado a todos los hombres, justos e injustos; es su misericordia que no está condicionada por nuestra gratitud. Dios no mira el mundo de lejos, distraídamente. Él sabe bien que hay justos e injustos. Pero a todos manda la luz del sol, a todos distribuye la ayuda de su gracia. Imitar la perfección de Dios, como Jesús nos pide es, por tanto, aprender a mirar el mundo como Él, con la misma mirada de benevolencia.

Por lo tanto, no es casualidad que Jesús enfrente precisamente lo que, en nosotros mismos, nos separa de aquellos con quienes convivimos: la ira, el deseo, la mentira. La ira, el resentimiento o el desprecio me aíslan: a partir de agravios a menudo muy reales, dejo que se construya en mí una imagen de mi adversario que pronto cobra vida propia, a veces muy alejada de quien la originó. Mediante la ira ya no veo más a la persona que tengo enfrente; la reemplacé por esa imagen del enemigo que llevo en mí, a la que puedo detestar cuanto quiero. En cuanto al deseo, es evidente que Jesús no lo condena en sí mismo —¿para qué lo habría creado?—, pero sabe también que nuestro deseo puede reducir a la persona que abraza a un simple objeto de posesión, incluso imaginario. Allí donde el deseo amoroso nos debe impulsar a conocer a otra persona con amor y respeto, el deseo malo nos aísla, preocupándonos por nuestro placer egoísta.

La mentira, por último, es por excelencia el medio para huir del mundo real y de las relaciones humanas en beneficio de nuestros intereses o de nuestra fantasía. Jesús rechaza estas maneras de no ver a nuestro prójimo como es, y les opone un realismo radical. Ver el mundo como lo ve Dios, ver a nuestros hermanos como Dios los ve, no es teñir nuestra mirada de cariño ingenuo: al contario, es aceptar la realidad tal como es, sin complacencia ingenua, pero más que nada, sin todos los filtros que, demasiado a menudo, nos protegen del encuentro con los que nos rodean.

¿Esta perfección, bien distinta de la primera, no está, sin embargo, totalmente fuera de nuestro alcance? Mirar con la mirada de amor que Dios tiene sobre el mundo suena bien, pero lo que no se ve tan claro es cómo alcanzarla. En otro discurso, la noche de la última cena, Jesús resumirá su enseñanza en un mandato que aprendimos a admirar y a amar, pero que no deja de ser inquietante debido a su exigencia: «que os améis los unos a los otros como yo os he amado»[5]. Se sobreentiende que se trata de amarnos. Jesús no deja ninguna duda sobre este particular. ¿Pero amar *como* Él nos ha amado? ¿No es poner la pértiga demasiado alta si el punto de comparación de nuestro pobre amor es nada menos que el amor infinito de Dios que se ha hecho hombre y ha dado su vida por nosotros? Si este *como* significaba imitar: ámense *como yo los he amado,* no sería en absoluto un acto de caridad por parte de Jesús que, en el momento de despedirse, nos proponga el imposible desafío de ser como Él. Muy felizmente, el griego, la lengua del Evangelio, es más preciso que el francés, y distingue claramente varios «como». El *como* que Jesús emplea aquí, no significa imitar —ejemplo a seguir—. Señala, en realidad, el origen: amaos unos a otros con el amor que yo, Jesús, os doy; con el amor con que yo os amo. No busquéis amaros con los flacos recursos de los que dispone vuestro corazón solo: bebed más bien de este amor que yo os entrego con profusión. Porque sois amados, podéis amar. Porque yo os he mirado con esta mirada justa y benevolente, vosotros podréis mirar al mundo con esa misma mirada.

---

[5]   Jn 15,12.

Esto nos remite a la gracia, pues este amor de Dios que nos transforma desde el interior, es precisamente lo que designamos con esa palabra. El don gratuito de Dios no es otra cosa. Sin duda, esto es lo que muchos discursos demasiado técnicos sobre la gracia de Dios han pasado por alto, al describirla como una especie de fuerza que se nos da para alcanzar tal o cual objetivo de mejora personal, como una versión piadosa de la poción mágica de Astérix. Dios no tiene nada más que dar que a sí mismo: su gracia es su amor, es decir, el Espíritu Santo, que es el amor mismo de Dios, el amor que une al Padre y al Hijo. La perfección cristiana no consiste en realizar tal o cual hazaña heroica, en controlar los propios pensamientos, sino en dejar que el amor de Dios entre en nuestra vida y, poco a poco, aprender de él, de su amor por nosotros, a ver el mundo como Él lo ve.

La radicalidad de Jesús es tal que, a pesar de todo, quizás no nos sintamos del todo tranquilos. ¿No se ha tratado del infierno? ¿Cómo estar seguros de que no vamos a perder esa perfección, aunque sea una perfección de amor, y exponernos a un juicio terrible? Hacia el final de su discurso, Jesús parece consciente de que lo que nos ofrece puede escapársenos fácilmente: «¡qué estrecha la entrada y qué angosto el camino que lleva a la Vida!; y pocos son los que lo encuentran»[6]. Sin duda, conviene comprender bien la imagen de esta puerta estrecha, que no puede ser una puerta cerrada a la salvación, ni el signo de una rigurosa selección por parte del guardián de la entrada, que comprueba cuidadosamente los méritos de cada uno antes de dejarle entrar en el Reino de Dios. Es estrecha la puerta de la salvación, porque es exactamente de mi tamaño, ni más ni menos. Para pasar, debo abandonar todo lo que me estorba, mi pecado, por supuesto, pero también mis barreras, mis suficiencias, mis obsesiones, mis seguridades, para ponerme por completo bajo la mirada de Dios, en esa presencia de Dios que es la salvación y la vida eterna. Pero no es tan fácil borrar el miedo, especialmente ese miedo a Dios que corroe el corazón del hombre desde el pecado de Adán. Entonces, Jesús mismo nos da el medio para escapar de tal inquietud: «No juzguéis, para que no seáis juzgados[7]», promete un momento antes.

Los relatos referidos a los primeros monjes de Egipto, los célebres Padres del desierto —pequeñas anécdotas a las cuales se les ha dado el sofisticado nombre de «apotegmas»—, traen el caso de un anciano monje del desierto, cuyo nombre no recuerdo, pero que, como era de público

---

[6] Mt 7,14.
[7] Mt 7,1.

conocimiento, no había sido un gran asceta. Tampoco, necesariamente, un gran pecador, sino un monje mediocre cuya santidad no impresionaba a nadie. Luego de años de esa vida negligente, he aquí que cayó gravemente enfermo, y los monjes se reunieron alrededor del moribundo y lo encontraron en mal estado, pero en perfecta paz con relación a la idea del juicio divino que lo esperaba. Los frailes, un tanto inquietos por esa falta de lucidez, trataron de empujarlo a un saludable arrepentimiento de último momento: ¿no tendrá nada de qué arrepentirse en la conciencia? ¿No sería oportuna, o prudente, en cualquier caso, una última confesión, antes del encuentro frente a frente con su creador? El que se moría comprendió que estaban preocupados por él y los tranquilizó: «Si estoy tan tranquilo, les dijo, no es porque me crea merecedor del cielo; es porque Jesús dijo: 'no juzguéis para no ser juzgados'. En mi vida no hice grandes cosas buenas, pero nunca juzgué a nadie, y tengo confianza en la misericordia de Dios». Los frailes venidos para impulsar su conversión *in articulo mortis*, volvieron un tanto avergonzados por haberlo juzgado, y sobre todo, edificados.

Nuestro monje negligente no creía, desde luego, que Dios nos proponga un regateo de comerciantes, en el que Dios juzgaría según nuestra conducta: espero de todo corazón que Dios perdone mejor de lo que yo jamás podré perdonar, y que juzgue con menos frecuencia y menos severidad que yo. Sabía que Jesús no propone una contabilidad minuciosa y un perdón mezquino, sino, por el contrario, la salida pura y simple de la contabilidad: no juzguen, porque no serán juzgados; no juzguen, porque la perfección evangélica no es el cumplimiento de una lista de deberes bajo la mirada desconfiada de un juez terrible, sino un amor recibido y compartido. Y, sobre todo lo que mejor sabía el anciano padre del desierto: el tiempo que pasamos juzgando no lo pasamos en amar; la distancia de observación y reflexión que ponemos para juzgar convierte a nuestro hermano en un objeto que observamos, en lugar de ser una llamada, una reivindicación viva de mi amor y mi servicio; que ese juicio ocupa en mí el espacio en el que simplemente debería germinar y crecer el Reino de Dios.

IV.

«TENGO SIEMPRE PRESENTE AL SEÑOR, CON ÉL A MI DERECHA NO VACILARÉ»

Siendo un joven estudiante en París, aproveché un fin de semana para tomar el tren y visitar a una tía abuela que vivía lejos de mi casa, en una amable residencia de ancianos. Antes de salir, mi padre, con finura, me puso en las manos una incómoda caja de chocolates de buena marca, pensando que le gustaría. Cuando le entregué la caja me lo agradeció. Los aprecia mucho —me dijo— e iba a disfrutarlos. Sin embargo, cuando volví a verla, al día siguiente, la caja de chocolates estaba intacta y puesta en evidencia, arriba de la cama, presidiendo el cuarto. Ella captó mi mirada y me explicó: «Sí, ¡la puse ahí porque quiero que todo el mundo la *disfrute*!», es decir, que todo el mundo disfrute del espectáculo, pues lo que es comer los chocolates no parecía ser parte del programa. Estaba en su derecho: después de todo, los chocolates eran suyos, y llevando una vida con pocas distracciones, yo no iba a criticar a esta mujer que siempre había tenía el sentido de compartir con los otros pensionados y avisar al personal de la casa —de manera simpática, inocua— la visita de su sobrinito.

En cambio, Jesús, fustiga duramente a quienes obran así, no a propósito de una caja de chocolates, si no de sus buenas obras. ¿En necesario que todos las *disfruten*? Sin duda todos se beneficiarán de nuestras limosnas, pero del espectáculo de nuestras limosnas, ciertamente, no.

Por tanto, cuando hagas limosna, no lo vayas trompeteando por delante como hacen los hipócritas en las sinagogas y por las calles, con el fin de ser honrados por los hombres; en verdad os digo que ya reciben su paga. Tú, en cambio, cuando hagas limosna, que no sepa tu mano izquierda lo que hace tu derecha; así tu limosna quedará en secreto; y tu Padre, que ve en lo secreto, te recompensará.

Jesús retoma de inmediato esta recomendación a la discreción a propósito de la oración, contra los hipócritas que se muestran «en las sinagogas y en las esquinas de las plazas bien plantados para ser vistos de los hombres»[1]. Luego de un desarrollo sobre la oración en el que enseña en particular el padrenuestro, Jesús vuelve a esta idea que tiene tan dentro, esta vez a propósito de otra práctica piadosa del judaísmo de su tiempo, el ayuno. Cuando se abstienen de alimentos por razones religiosas, los hipócritas, —dice— se presentan con aspecto de derrota y aire sombrío, para que también ahí todo el mundo lo aproveche. Como para la limosna y la oración, Jesús llama a la discreción del creyente, «para que tu ayuno no sea visto por los hombres,

---

[1]   Mt 6,5-6.

sino por tu Padre que está allí, en lo secreto; y tu Padre, que ve en lo secreto, te recompensará»[2].

No hay nada de sorprendente en estas demandas de Jesús, tanto más familiares para los cristianos que las escuchan todos los años en la misa de inicio del tiempo de Cuaresma, el Miércoles de Ceniza; tiempo de volver a Dios, de prepararnos para festejar las Pascuas. Estamos tanto menos sorprendidos porque, desde pequeños, nos han dicho que debemos ser discretos sobre nuestras buenas obras. No buscar llamar la atención sobre todo haciendo el bien, es una cuestión de buena educación, de estilo de vida, casi de inteligencia social, porque después de todo, el que obra con manifiesta ostentación, al enfadar a su entorno, pronto habrá perdido todo el beneficio de su actuación.

Nos puede sorprender que Jesús se tome el trabajo de enseñarnos eso: ¿Dios se hizo hombre solo para darnos lecciones de educación? El asombro se agranda, sin duda, mucho más si tenemos en cuenta el motivo que Jesús da para exigir esta discreción: «ya recibieron su recompensa», dice a propósito de los «hipócritas», de los que se hacen ver. ¿Se trataría, pues, de buscar un cierto interés, esperar una recompensa, ser discretos, pero con una discreción que no

---

2   Mt 6,16-18.

sea ni generosa, ni menos aún natural, sino perfectamente interesada? ¡Quizá no obraríamos «para que todo el mundo lo *disfrute*», pero al menos para que el buen Dios nos vea, como si fuéramos el favorito de la clase! Si solo cambia el espectador, la acción no gana mucho en nobleza. ¿No podríamos ser igual de hipócritas con Dios que con el vecino del piso de al lado, obrando sin sinceridad pero por el deseo de hacernos notar?

Me parece que Jesús, lejos de hundirse en las sin salidas inextricables de ese juego de miradas infinitas, más bien nos invita a salir de ahí. Lo que se juega aquí no es necesariamente la discreción, que puede ser una estrategia hipócrita más. Porque hay realidades que no soportan la luz plena demasiado rápido; y una de ellas es la intimidad. La intimidad es compartir con alguien lo más interior y profundo de mí mismo. La intimidad es algo delicado que no se construye bajo la mirada de los otros. Se domestica en lo secreto. El secreto adolescente de las primeras citas amorosa, de verdadero amor: no la conquista que se enarbola orgullosamente, sino la relación naciente, frágil y preciosa que, al revés, queremos preservar de la luz viva que podría darle muerte. Lo sabía muy bien Marcel Pagnol: el tiempo de amor es el tiempo de los secretos. Nadie se deja engañar por las pasiones que se ofrecen a la vista en la tapa de las revistas: se sabe que todo eso es publicidad. Aprender a amar es algo que se hace lejos de los ojos indiscretos de los padres, de los hermanos y hermanas y de los amigos. Es preciso tener paciencia y delicadeza para bajar al interior de uno mismo, y más aún para hacerlo a dúo.

La intimidad con Dios, como toda intimidad, no soporta ser expuesta a los reflectores; más que ninguna otra, tiene necesidad de ese secreto al que se refiere Jesús. En medio de su discurso, como en medio de su corazón, no por azar, sin duda, Jesús se toma el tiempo para hablar de la oración, lugar de esa intimidad que alimenta la vida cristiana que Él describe aquí. Él nos dice que esta oración requiere una discreción genuina, y que la puerta de nuestro cuarto —el lugar más retirado e interior— esté cerrada, para protegernos. Jesús, evidentemente, no pretende prohibir que los cristianos se reúnan para rezar en común fuera del secreto de su habitación. Pero nos recuerda que toda oración —incluso las oraciones comunitarias, la misa del domingo o las celebraciones masivas de las Jornadas Mundiales de la Juventud— necesitan nuestra interioridad. Ya podemos cantar a voz en cuello, desplegar magníficas procesiones, poner en marcha liturgias emotivas o sublimes, nunca encontraremos a Dios si no es en el fondo de nuestro corazón. O, más bien, si no sabemos encontrarlo en nuestro corazón, será trabajoso encontrarlo presente en el prójimo o en los sacramentos.

Conocer el camino de tu propio corazón es un reto esencial. Sin embargo, asusta a muchos cristianos, que se preguntan qué pueden encontrar allí y prefieren evitar levantar la tapa de esa peligrosa olla que intuyen que hierve en su interior. ¿No me hace el silencio vulnerable a todo tipo de pensamientos descabellados, angustias y preguntas sin respuesta? Nuestra modernidad nos ofrece un gran número de medios para evitar descender a nuestro interior y permanecer en la superficie, pero no nos precipitemos culpándola de todo: mucho antes de la invención del *smartphone*, ya encontramos formas de huir de uno mismo. Sin duda, tenemos miedo de encontrarnos allí con alguien poco recomendable, o lo que es peor, decepcionante. Es mostrar poca confianza en Dios, que no nos ha creado por error, por casualidad. Afrontar este miedo y atreverse a descender dentro de uno mismo, en el silencio, en el secreto, es ya un primer acto de fe en ese Dios que me ha creado y que, como siempre, sabe lo que hace.

Sobre todo, porque el principal descubrimiento que me espera, en esta exploración de mi interioridad, de mi habitación más íntima y cerrada, no es el de mí mismo —aunque ciertamente yo sea una excelente compañía—. Jesús nos lo promete: quien me espera allí es Dios presente en lo secreto. La oración cristiana es ante todo eso: atención a Dios, que está presente en lo secreto, «más íntimo a mí que yo mismo», según la feliz fórmula de san Agustín.

Sé muy bien que muchos cristianos no escuchan estos razonamientos sin una mezcla de molestia y culpabilidad; les parece a la vez muy hermoso y abstracto. Lo que piden es la intimidad con Dios, nada más, pero sus intentos en la oración personal los llevaron sobre todo al aburrimiento, a preguntas sin fin —como la temible: ¿estoy rezando cuando me pregunto si estoy rezando?— a la constatación de sus incesantes distracciones y, finalmente, al desánimo, lo que les llevó a concluir que la oración no era para ellos, o que al menos, no sabían rezar. ¡Bienvenidos al club! No solo yo tampoco sé rezar, sino que nunca he conocido a ningún cristiano que supiera hacerlo, al menos si saber rezar significa dominar una serie de procesos mentales que permiten provocar en uno mismo la sensación de la presencia de Dios. Incluso san Pablo, ese apóstol incansable que tanto marcó el cristianismo naciente, él, que sin embargo se convirtió por una aparición de Cristo —¡nada menos!—, él, el primer maestro de la teología cristiana, lo reconoce también: «Pues nosotros no sabemos cómo pedir para orar como conviene»[3], escribe a la comunidad cristiana de Roma. Hay que creer que viene de familia, hay

---

[3]   Rm 8,26.

que creer que, decididamente, a pesar de las instrucciones dadas por Jesús para lograrlo, los cristianos no saben orar como es debido; y que hay que aceptarlo. Pero Pablo añade entonces que «el Espíritu viene en ayuda de nuestra flaqueza. Pues nosotros no sabemos cómo pedir para orar como conviene; mas el Espíritu mismo intercede por nosotros con gemidos inefables». Unas líneas más arriba, el mismo Pablo nos decía un poco más sobre ese misterioso Espíritu Santo: «Pues no recibisteis un espíritu de esclavos para recaer en el temor; antes bien, recibisteis un espíritu de hijos adoptivos que nos hace exclamar: ¡*Abbá*, Padre!»[4]. Así pues, para Pablo, no sabemos rezar, pero no importa: hay alguien en nosotros que se encarga de hacerlo. Ese alguien es el Espíritu Santo, el Espíritu de Cristo, cuya función es convertirnos nada menos que en hijos de Dios, y que nos hace volvernos hacia el Padre llamándolo con ese nombre afectuoso que, en arameo, la lengua de Jesús, es el equivalente a nuestro «papá».

Abba, papá. Es una de las pocas palabras de Jesús que el Evangelio, escrito en griego, nos ha trasmitido en la misma lengua de Cristo, al traernos su oración angustiada en Getsemaní, en el momento de su prendimiento[5]. Es

---

[4]   Rm 8,15.
[5]   Mc 14,36.

probable que se haya tomado este cuidado de tomar la palabra original porque estaba con frecuencia en la boca de Jesús, en particular cuando se trata de rezar. Sin duda es esa palabra la que, en el idioma de Jesús, abría la oración que les enseña a repetir a sus discípulos, en la montaña:

> Y al orar, no charléis mucho, como los gentiles, que se figuran que por su palabrería van a ser escuchados. No seáis como ellos, porque vuestro Padre sabe lo que necesitáis antes de pedírselo. «Vosotros, pues, orad así: Padre nuestro que estás en los cielos, santificado sea tu Nombre; venga tu Reino; hágase tu Voluntad así en la tierra como en el cielo. Nuestro pan cotidiano dánosle hoy; y perdónanos nuestras deudas, así como nosotros hemos perdonado a nuestros deudores; y no nos dejes caer en tentación, mas líbranos del mal»[6].

No se ha cesado, y con razón, de comentar esta oración situada en el centro exacto de nuestro Sermón de la montaña, y que alimenta a los cristianos desde hace casi dos mil años. No intentaremos aquí añadir un comentario más. Observamos, solamente, que es curioso anunciar que no hay que repetir como los paganos, justo antes de enseñar la oración del padrenuestro, que es sin duda el texto de oración más repetido, más rumiado, más recitado sin pensar, de la historia de la humanidad. No se cuestiona la calidad del texto: es inevitable que un texto repetido tantas veces

---

[6] Mt 6,7-13.

se vuelva mecánico. ¿Pero justo cuando se nos dice que no debemos repetir sin más? Podemos ver allí una llamada a prestar un poco de atención a lo que se hace, lo cual, por supuesto, nunca está de más. Sin duda, puede verse allí una corrección a la creencia de que con tal y tal fórmula más o menos mágica, podemos obligar a Dios a hacer lo que le pedimos; quizá sea eso lo que creen los paganos de los que habla Jesús. Pero, si tomamos en serio lo que escribía Pablo a los romanos —no recitar encantamientos, sino rezar el padrenuestro— eso va un poco más lejos.

¿Qué decía? Primero, que es el Espíritu Santo el que ruega en nosotros y nos hace decir «padre», «padre nuestro». Afirmación curiosa y, sin embargo, toda la experiencia cristiana nos lo recuerda: adentrarse en uno mismo, explorar el interior de uno mismo, no solo es conocerse a sí mismo sino, en primer lugar, ponerse a la escucha de esta realidad sorprendente: Dios en mí. ¿Y qué hace allí? Reza. Reza para hacernos rezar. Dios que reza a Dios: es ahí donde se hace más visible el misterio de la Trinidad. Dios que reza en nosotros. No tiene nada de una inquietante posesión, de una forma de esquizofrenia, menos aún de la presencia en nosotros de un alien. Eso no tiene nada de espectacular, al contrario. Quizá la hemos entrevisto cada tanto tiempo, bajo forma de un deseo misterioso pero tenaz que nos empuja hacia Dios. Hablo de esta presencia misteriosa en nosotros, a la que solo podemos acercarnos con mil precauciones y que desaparece al menor ruido, como un animal salvaje; de un espíritu de adoración que nos empuja hacia Dios, de una intuición que nos promete que estamos hechos para algo más grande, para alguien más grande; esta certeza tan incomprensible como inquebrantable, por un instante, de ser amados sin condiciones. El lugar de nuestra oración, no son nuestros labios o nuestra cabeza, sino este Espíritu de Dios que nos vuelve hacia Dios. Nuestro esfuerzo no consiste en repetir textos, por bellos que sean, sino en estar atentos a esta realidad consoladora: no sabemos rezar como debemos. Dios mismo, por su Espíritu Santo, es el que viene sin cesar, seamos o no conscientes de ello, para suscitar en nosotros la verdadera oración. Rezar es unirnos al Espíritu Santo que pide en nosotros y aprender poco a poco a decir con Él: *abba*, padre, papá.

La afirmación de Pablo va aún más lejos. El espíritu no nos vuelve solo hacia el Padre: hace de nosotros hijos de Dios. ¡No es poco afirmar! Y, sin embargo, eso le da todo su sentido al Sermón de la montaña, que se dirige a enseñarnos la vida de los hijos de Dios.

Todos los años, en el retiro de Confirmación de los estudiantes de mi parroquia es un razonamiento que me gusta retomar con los jóvenes. Que nos digamos «hijos de

Dios», que les repitamos en todos los tonos que el Espíritu Santo que se preparan a recibir en el sacramento de la Confirmación hace de ellos hijos de Dios, no les sorprende en absoluto. Eso forma parte del vocabulario que escuchan desde hace mucho tiempo en el catecismo o en la iglesia. Y, por otra parte, «hijos de Dios» no quiere decir necesariamente gran cosa. Es una imagen que se puede aplicar a tantas realidades diferentes. ¿No se puede decir, por ejemplo, que las hormigas y las ardillas, criaturas de Dios, son hijas del Señor? Por supuesto, hay también un sentido más fuerte: Jesucristo, se entiende, es el Hijo de Dios en un sentido mucho menos metafórico. Él es la segunda persona de la Trinidad, existe desde toda la eternidad con el Padre y el Espíritu Santo. Muy bien. ¿Y nosotros, entonces?, me gusta preguntarles. Cuando decimos que nos hacemos hijos de Dios, ¿cómo comprender esta afirmación? ¿En un sentido más bien débil, como para las ardillas, o en sentido muy fuerte, como para Jesús? Indicando con mis manos extendidas la posición de esos dos extremos, les pido que localicen el punto donde, según ellos, se sitúa nuestra propia filiación. La mayoría de ellos, sin comprometerse demasiado, señalan el medio: nuestra filiación divina estaría a mitad de camino entre la ardilla y Jesucristo. Para algunos, eso sería chocante: para ellos, hijos de Dios, no remite nada más que al hecho de ser una criatura del buen Dios, con las libélulas y los ornitorrincos. Y aún otros, entusiasmados por lo que no cesan de repetirles sobre el amor de Dios por nosotros, osan situar nuestra filiación no muy lejos de la de Jesucristo. Pero son pocos, sin embargo, los que llevan la audacia hasta la sorprendente, increíble verdad: ser hijos e hijas de Dios tiene para nosotros el mismo sentido que tiene para Jesucristo.

Hay un matiz, es cierto, que no es irrelevante: nosotros no seremos nunca el Hijo que existe desde toda la eternidad, evidentemente. Lo nuestro sería llegar a ser por adopción, lo que Jesucristo es por naturaleza. ¿Hacernos dioses, entonces? Hacernos dioses. La tarea de nuestra divinización consiste en hacernos hijos de Dios. Dios nos ama tanto que nos da todo lo que tiene para dar: su vida divina. No tiene nada que no quiera compartir con nosotros. Es una ofensa imaginarlo repartiendo a los hombres algunas recompensas, como se dan caramelos a los niños buenos. Si lo que llamamos gracia es el don gratuito de Dios, entonces solo hay una verdadera gracia, la gracia de las gracias: aquella por la que nos convierte en hijos de Dios.

Se ha sugerido que el lugar central que se le da a la oración, en torno al padrenuestro, en el Sermón de la montaña, tenía la función de indicarnos que, ante exigencias que superan nuestras fuerzas, debemos recurrir a Dios para pedir perdón por nuestras imperfecciones y, eventualmente, algunas palmaditas de ayuda para progresar. Extraña idea de Dios sería creer que está ocupado en confiarnos misiones imposibles para tener la falsa elegancia de socorrernos en los fracasos que él mismo habría programado. Pero también es tener una idea muy reduccionista de la oración, que no se dirige a obtener una ayuda celestial para lograr el cumplimiento de nuestros objetivos, incluso los más legítimos, sino, ante todo, a que nos volvamos hacia el Padre y nos transformemos en hijos de Dios. El corazón del Sermón de la montaña no es un número de teléfono al que llamar en caso de accidente o desesperación; es el largo aprendizaje mediante el cual podemos llamar auténticamente «padre nuestro» a Dios.

Esta promesa de divinización es estimulante, pero puede levantar algunas sospechas. ¿Pretender ser Dios no es acaso el colmo de la presunción? ¿No fue precisamente con esta falsa promesa —«¡seréis como dioses!»— con la que la serpiente, en el primer jardín, logró convencer a Adán y Eva de que mordieran el fruto fatal? ¿Debemos realmente imitar a su vez su loca pretensión? Sin embargo, el pecado de Adán no fue querer convertirse en Dios, sino querer convertirse en Dios sin Él; fue querer apropiarse por sí mismo de lo que Dios pretendía darle, sin confiar en su Creador. La divinización no se gana, ni siquiera como un premio, sino que se recibe como un regalo. Todos los demás intentos están condenados al fracaso, al igual que los sueños contemporáneos de alcanzar la inmortalidad mediante la tecnología. No se llega a ser Dios elevándose, como se podría creer, en un primer momento, convirtiéndose en un héroe o en un superhombre, sino simplemente aceptando ser hijo. No hay divinización sin filiación. Sin duda, eso es lo que hace que esta promesa sea difícil de aceptar: al principio halagaba nuestro orgullo, pero al final nos pide que aceptemos el largo y humilde aprendizaje de la filiación.

«Todo el mundo sabe cómo se hacen los niños, pero nadie sabe cómo se hacen los padres», canta Stromae. Muchos temen no estar a la altura, aunque existe una gran cantidad de libros, cursos de formación y *podcasts* sobre cómo aprender a ser padre. Pero rara vez nos preguntamos si lograremos ser hijos. Nosotros nacemos literalmente así, como hijos o hijas, y para siempre. Incluso es lo primero que fuimos en este mundo, y por eso teníamos tanta prisa por aprender a ser algo más. ¿Significa esto que ser hijo es tan innato como creemos? ¿Que no se puede aprender? Me parece que la vida espiritual, la vida cristiana, y el Sermón de la montaña no nos enseñan sino eso.

Así es como, en mi opinión, debemos entender el pasaje donde Jesús llama aparentemente a la mayor despreocupación:

Por eso os digo: No andéis preocupados por vuestra vida, qué comeréis, ni por vuestro cuerpo, con qué os vestiréis. ¿No vale más la vida que el alimento, y el cuerpo más que el vestido? Mirad las aves del cielo: no siembran, ni cosechan, ni recogen en graneros; y vuestro Padre celestial las alimenta. ¿No valéis vosotros más que ellas? Por lo demás, ¿quién de vosotros puede, por más que se preocupe, añadir un solo codo a la medida de su vida? Y del vestido, ¿por qué preocuparos? Observad los lirios del campo, cómo crecen; no se fatigan, ni hilan. Pero yo os digo que ni Salomón, en toda su gloria, se vistió como uno de ellos. Pues si a la hierba del campo, que hoy es y mañana se echa al horno, Dios así la viste, ¿no lo hará mucho más con vosotros, hombres de poca fe? No andéis, pues, preocupados diciendo: ¿Qué vamos a comer?, ¿qué vamos a beber?, ¿con qué vamos a vestirnos? Que por todas esas cosas se afanan los gentiles; pues ya sabe vuestro Padre celestial que tenéis necesidad de todo eso. Buscad primero su Reino y su justicia, y todas esas cosas se os darán por añadidura[7].

No me parece que haya que leer ahí una llamada a una alegre irresponsabilidad, en nombre de una Providencia muy cómoda que nos dispensaría de pensar en todos los pormenores de la administración. Prior de la comunidad de dominicos en El Cairo, no me apoyo en esos versículos para desinteresarme de la vida material de mis hermanos, esperando que la Providencia los cuide en mi lugar. Y no

---

[7]   Mt 6,25-33.

olvido que, antes de liberarnos de nuestras preocupaciones cotidianas, Jesús nos encarga una preocupación mucho más importante: la del Reino y la justicia de Dios. Todo lo demás, todas mis preocupaciones materiales, personales o comunitarias, giran alrededor de eso. No desaparecen por ello, pero adquieren otro significado: acoger el Reino de Dios. Dejar que mis hermanos pasen hambre porque he sido negligente en la tarea que me han confiado no es vivir la preocupación por el Reino. Porque el Reino de Dios no es el mundo de las ideas. Está en las cosas pequeñas, las más terrenales, las más concretas, donde aprendemos a acogerlo. Esto no requiere despreocupación ni resignación, sino, por el contrario, confianza en Dios, la confianza de un hijo que cree que su Padre, que lleva la varilla, sabe adónde nos lleva.

Ordenado sacerdote hace diez años, me llevó un tiempo acostumbrarme a que muchos cristianos insistieran en llamarme «Padre». Al principio, les daba la lata preguntándoles si, en caso de querer utilizar un título, no podían limitarse al de «hermano», tradicional en mi orden y, por cierto, el más bonito de los títulos. Con el tiempo, me he suavizado: con la sabiduría que viene con la edad, no creo que sea útil alterar los hábitos y las tradiciones, sobre todo cuando solo pretenden expresar confianza y respeto. Sin embargo, todavía me cuesta entender que algunos compañeros parezcan aferrarse a este título. Al renunciar al matrimonio y, por tanto, a la paternidad, ¿no hemos aceptado de forma bastante radical que, durante toda nuestra vida, nunca seremos más que hijos? ¿Y si, en lugar de llamarme padre, pidiera a la gente que me llamara hijo? Quizás sería usurpar la felicidad de una bienaventuranza a la que todavía no puedo aspirar: «Bienaventurados los que trabajan por la paz, porque ellos serán llamados hijos de Dios»[8].

---

[8]   Mt 5,9 (ndt).

CONCLUSIÓN

Julio de 2023, en el monte de las bienaventuranzas. Me encuentro en este lugar donde, según la tradición, Jesús pronunció el Sermón de la montaña, con un grupo de jóvenes peregrinos, de entre 20 y 25 años, exscouts o jefes scouts, a los que conozco bien. Entre estos jóvenes hay dos que se casaron recientemente y han venido en pareja. A pesar del sol aplastante de nuestra canícula veraniega, peregrinos de todo el mundo miran con nosotros el panorama encantador del lago de Tiberíades y las colinas de Galilea. El llamado a los primeros discípulos en la playa, la pesca milagrosa, la multiplicación de los panes, las curaciones de enfermos, la expulsión de los demonios, tantas escenas del Evangelio que no sabemos localizar con precisión, tuvieron lugar aquí, en este paisaje que abarca nuestra mirada. En este lago, una noche, Jesús caminó sobre las aguas, ante el asombro de sus discípulos, y aquí Pedro intentó imitarlo, sin mucho éxito. Jesús enseñó en estas riberas, habló en parábolas, dejó entrever el Reino de Dios. Imposible saber si la cima de la colina en la que nos encontramos es aquella en la que Jesús dio el Sermón de la montaña: «Jesús subió al monte», dice, sin más, el Evangelio. Pero entiendo que, desde la antigüedad, los cristianos hayan elegido este lugar para recordarlo: dondequiera que pongamos los ojos, parece que estamos leyendo una página del Evangelio.

Le llaman el monte de las bienaventuranzas, en referencia a las primeras enseñanzas, tan impactantes, sobre la felicidad y el Reino, que contienen ya el núcleo del largo sermón. Una imponente iglesia neobizantina da para meditar esas ocho llamadas a la felicidad, inscritas en los ocho vitrales que parecen sostener la cúpula. En el amplio terreno que rodea la iglesia, los numerosos peregrinos, por pequeños grupos, aprovechan la ocasión para releer *in situ* este pasaje del Evangelio, que constituye el corazón de la vida cristiana que enseña Jesús: «Felices», *blessed, heureux, felizes, gelukkig, selig, beati*. Es así como, en todas las lenguas, se repiten a nuestro alrededor las palabras de felicidad verdadera y de vida eterna.

Encontramos un poco de sombra para sentarnos en los escalones que rodean la iglesia, y yo también me dispongo a sacrificarme por la tradición: leer a mi grupo esta hermosa página del Evangelio y acompañarla con un comentario corto, más o menos inspirado. Empiezo lentamente, buscando no tanto el tono adecuado como de ponerme, yo también, a la escucha de la palabra de Jesús. Empiezo a leer los primeros versículos; pero luego no veo razón para detenerme, y sigo leyendo los tres capítulos. Escuchan durante un buen cuarto de hora la lectura del sermón evangélico, como lo escuchó un día la multitud reunida aquí mismo, o no muy lejos de aquí, alrededor de Jesús.

¿Qué pensarán de la lectura mis jóvenes peregrinos? Ni idea. Quizá les parece demasiado larga. No dejan entrever nada. Quizá, detrás de sus ojos cerrados piadosamente, unos se estén reponiendo de las fatigas del año pasado; otros, del calor del día. Yo, experimentado predicador, sé detectar quién presta atención, y veo que están atentos al sermón de Jesús. Algunos lo escuchan todo entero por primera vez; quizá escucharon algunos pasajes sueltos en la iglesia; otros pasajes les resultan, sin duda, más familiares. ¿Cómo recibe cada cual esta ráfaga de invitaciones a vivir una vida radicalmente centrada en el Reino? Es difícil de decir. Son tan diferentes entre sí, en su fe y en sus dudas, en su camino personal donde el entusiasmo y el desánimo se encuentran.

Todos jóvenes, solo los separan unos pocos años de diferencia que cuentan todavía mucho: algunos ya empezaron a trabajar cuando otros se afirman en sus estudios. Las exhortaciones de Cristo no pueden resonar de la misma manera en corazones que no tienen la misma experiencia ni los mismos deseos. Supongo que las dos parejas casadas, al encontrar a lo largo del discurso los diferentes pasajes que cada una eligió para su celebración de boda, repiten en su mente ese compromiso solemne, que tiene su lugar en una llamada más grande a la santidad. ¿Y los demás? ¿Se sienten juzgados por la exigencia de esta palabra radical que parece ignorar las dificultades de su esfuerzo diario por actuar bien, remitiéndoles a sus fracasos en su intento por ser mejores? Quizás sea la suavidad de la brisa, pero creo percibir en sus rostros, por el contrario, una alegre paz, muy alejada del descorazonamiento del joven rico. ¡Dichosos los que escuchan la palabra de Dios y la guardan!

En lugar de intentar adivinar un secreto de corazones que no me pertenece, ¿no debería preocuparme más bien por lo que me dice a mí esa palabra que se dirige tanto a mí como a ellos? Ella no es nueva para mí. Pronto me viene a la mente aquella tarde de otoño cuando tenía quince años y, al abrir la Biblia que había recibido unos años antes con ocasión de mi profesión de fe, descubrí este largo discurso de Jesús, del que hasta entonces solo conocía algunas citas aisladas. Esa sucesión de vigorosas interpelaciones de Jesús, dirigidas al adolescente que era yo, que se buscaba a sí mismo y ese día estaba un poco desorientado, surtieron en mí un efecto extraordinario. Quizás había en mí un gusto por el desafío que se excitaba con las invitaciones de Cristo a una vida de aventura y audacia; pero sobre todo me sorprendió la extrema simplicidad de la vida evangélica que describía Jesús. No por su facilidad, evidentemente, el camino era difícil, pero sin embargo tan sencillo.

Entre las promesas contradictorias de felicidad, mi instituto me repetía: «¡Trabaja!»; mi fantasía, me susurraba: «¡Pasea!»; mi entorno, me invitaba a triunfar; y las canciones populares me ordenaban disfrutar. El Sermón de la montaña no era solo una exhortación más imperiosa o una teoría más convincente que las demás. A través de esas líneas, era una voz que podía oír, una voz singular y poderosa. Lo que llegaba a mi mente y a mi corazón no era tanto ese mandato como el timbre de esa voz, sus inflexiones, sus armonías. No sabía muy bien lo que me decía, tal vez, pero sabía que podía confiar en ella. Yo, que siempre había sufrido de vértigo, comprendí que, con el acento de esa voz, podía lanzarme, emprender sin miedo el ascenso de esa montaña. ¿Sería capaz de hacerlo? La cuestión no era esa. Ya no estaba solo, y eso era lo único que importaba.

Veinticinco años después, mi vida evidentemente es diferente. He subido varias veces al monte de las Bienaventuranzas, acompañando como hoy a grupos de peregrinos, sin sentir nunca vértigo: no es más que una pequeña colina, cubierta de plátanos, que apenas ofrece motivos para emocionarse. Pero la montaña mucho más escarpada de la vida eterna, la que hizo retroceder al joven rico, no la he abandonado, aunque me temo que no he avanzado mucho desde aquella noche de mi adolescencia. Sin embargo, no siento ni tristeza ni arrepentimiento. Porque lo esencial no está ahí. Lo esencial es que, al volver a escuchar esta mañana el Sermón de la montaña, sigo oyendo la voz de Cristo, su canto inimitable que me llama y me tranquiliza.

Ya no me atrevo a levantar la mirada hacia mis jóvenes peregrinos. Ahora me parece que mirar sus rostros sería intentar indiscretamente desentrañar el misterio de este encuentro vital que se desarrolla al escuchar la Palabra. Pronto termino mi lectura. Se hace el silencio. Algunos se van a soñar ante el paisaje, otros entran en la iglesia; un joven peregrino coge mi Biblia para buscar unos versículos que acaba de oír. No sé qué recorrido sigue la voz de Cristo en esos corazones, y no tengo por qué saberlo. Lo que sí sé, en cambio, es que todos los discursos teológicos sobre la gracia desarrollados a lo largo de los siglos se han desviado cuando pasaron por alto lo esencial —lo que me deslumbra como el sol de verano de Galilea que se acerca a su cenit—: la gracia de Dios es un encuentro, y es un encuentro de amor.

El 28 de agosto, fiesta de san Agustín,
doctor de la gracia, en Asís, lugar donde vivió
un santo que solo quería tener
el Evangelio como regla de vida.

AGRADECIMIENTOS

Un libro como este siempre tiene más autores de lo que parece. Se nutre de la experiencia de mis hermanos, de la confianza de mis feligreses, de la sabiduría de mis amigos. Tendría que nombrar aquí a mucha gente. Mencionaré, al menos, al pequeño grupo de scouts de El Cairo, que este año fueron a Tierra Santa: lo que hicieron ellos ningún animal habría podido hacerlo.

Mi agradecimiento va al hermano Hugues-François Rovarino o.p., que me impulsó a escribir esta obra, y a mi editor, Jean-François Colosimo, que me animó y confió en mí.

Benoit Bertan de Balanda y Greoire Mazin aceptaron buenamente leer este libro. Es cierto que el primero había sido testigo de su concepción. Los dos me alegran desde hace varios años con su conversación confiada y sustancial. Reciban aquí mi agradecimiento.

Tuve la alegría de contar con el apoyo y la inalterable complicidad intelectual de mi hermana Céline, a la que agradezco de corazón por eso y por todo lo demás.

Agradezco infinitamente a mis hermanos Jacques-Benoît Rauscher y Lionel Gentric, que me hicieron el favor de ser los benévolos censores del libro en plazos muy poco razonables.